Dathlu'r
TALWRN

PIGION AC ATGOFION

Cyhoeddiadau
barddas

Argraffiad cyntaf: 2020
ISBN: 978-1-91158-425-4

Cyhoeddwyd gan Gyhoeddiadau Barddas
www.barddas.cymru
Cyhoeddwyd gyda chydweithrediad BBC Radio Cymru.
Mae'r cyhoeddwr yn cydnabod cefnogaeth ariannol Cyngor Llyfrau Cymru.

Argraffwyd gan Y Lolfa, Tal-y-bont.
Dyluniwyd gan Tanwen Haf.
Darluniadau: Huw Aaron.
Ffotograffau: Tudur Dylan Jones, Iestyn Hughes,
Siôn Jones a gwefan y Talwrn, BBC Radio Cymru.

CYNNWYS

TASG 5: CLORIAN

TASG 6: CREFFT

TASG 7: PENCAMPWYR

TASG 8: Y PIGION

Pan fydd y beirdd yn cuddio
a'r awen yn encilio,
y dyddiau'n hesb a'r nos yn fwrn,
mae'r Talwrn ar y radio!

ARON PRITCHARD

RHAGAIR

LLION JONES

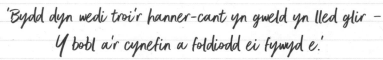

'Bydd dyn wedi troi'r hanner-cant yn gweld yn lled glir –
Y bobl a'r cynefin a foldiodd ei fywyd e.'

Roedd Gwenallt yn agos at ei le, wrth reswm, ond i lawer ohonom sydd wedi croesi trothwy'r hanner cant, mae angen sbectol go dda i weld yn glir. A dyna ogoniant y gyfrol hon. Drwyddi, cawn olwg ar un o ryfeddodau diwylliannol hanes darlledu yng Nghymru. Fel y mae'r pytiau hunangofiannol sy'n britho'r tudalennau hyn yn tystio, dros gyfnod o bedwar degawd, llwyddodd un rhaglen radio fechan i osod ei stamp ar gyfeiriad barddoniaeth Gymraeg, meithrin perthynas fywiol gyda'i chynulleidfa yn eu bröydd, ac yn y broses, gyfoethogi bywydau nifer dda ohonom.

Llion Jones yn cystadlu gyda thîm Caernarfon yn ffeinal y Talwrn, 2014.

7

Pan mae rhywun yn byw drwy ffenomen, dydy rhywun ddim yn sylweddoli hynny bob amser. Ym mis Chwefror 1980, yn Neuadd y Dref, Rhuthun, yr unig beth ar feddwl bachgen ysgol 16 oed o Abergele wrth glosio'n betrus at y meic i ddarllen cwpled benthyg, oedd goroesi'r profiad o ymddangos ar raglen newydd Radio Cymru. Yn sicr, doedd o ddim wedi breuddwydio y byddai'n dal i gamu at feic yr un rhaglen ddeugain mlynedd yn ddiweddarach ac yn llefaru cwpledi ac englynion o'i waith ei hun, a hynny gyda mymryn yn rhagor o arddeliad. Ond dyna ni, pa brydydd na fyddai'n magu ychydig o hyder o dderbyn anogaeth gyson Gerallt, Dic a Ceri? Dychmygwch bêl-droediwr ifanc yn cael cwmni a chlod Messi, Bale a Ronaldo. Dydy hi ddim yn gymhariaeth ffôl.

Mae deugain mlynedd yn oes gyfan ym myd darlledu, a do, fe welodd y Talwrn sawl tro ar fyd, nifer ohonynt yn ddrych o newidiadau cymdeithasegol ehangach. Aeth y tasgau ysgrifenedig mewn amlen yn negeseuon e-bost a WhatsApp. Aeth y 14 tasg wythnosol yn 9, aeth y marciau llawn o 4 i 10 ac fe gododd y tâl o £12 i £35! Ciliodd y beirdd-bregethwyr yn ara' bach a daeth y beirdd-gyfieithwyr yn eu lle. Collodd y festri beth o'i gafael, ac mewn ambell ganolfan fwy cosmopolitan na'i gilydd, ildiodd y brechdanau wy a samwn eu lle ar y platiau i'r *quiche* a'r *canapé*. Aeth Gwyn, Maud, Trystan, Dic, Gerallt a Dwynwen i gyd yn eu tro – ond mae Ceri Wyn yn aros, ac fel y mae ei ddetholiad yng nghynffon y gyfrol hon yn dangos, mae'r rhaglen yn dal i esgor ar lawer mwy o ganu athrylithgar nag y mae gennym unrhyw hawl i'w ddisgwyl.

Anodd ydy darllen atgofion y talyrnwyr heb gyfeiliant y 'ro'n i yno'. Mae Rhys Dafis yn sôn am Gerallt yn holi aelodau timau cynghrair Hiraethog 'nôl yn 1979 a fyddai ganddyn nhw ddiddordeb cymryd rhan mewn cyfres radio newydd sbon (t. 16). Oedd, roeddwn i yno. Roeddwn i yno hefyd pan gafodd Emyr y Graig lai nag wyth marc am ei englyn i'r Daten (t. 72). Yn fwy na hynny, rwy'n cofio mai chwech a hanner oedd y marc a ddyfarnwyd gan Gerallt. Dyma'r marc isaf erioed yn holl hanes y Talwrn, ac yn waeth na hynny, roedd gen i ran yn y gwaith o lunio'r englyn! Ac oedd, roeddwn i'n rhan o'r *flashmob* talyrnol cyntaf erioed a drefnwyd gan Geraint Lovgreen yn Eisteddfod Bae Caerdydd (t. 65). Ond y 'ro'n i yno' sy'n rhoi'r pleser mwyaf o ddigon, ydy'r profiad o gofio clywed rhai o'r cerddi ysgytwol yn netholiad y Meuryn yn cael eu datgan am y tro cyntaf. Cofio Ifor ap Glyn yn dwyn ei gerdd goffa i Gerallt o Barcelona i un o seiadau paratoi tîm Caernarfon yn nhafarn yr Alex (t. 109), a chofio hefyd y Bar Bach yng Nghaernarfon yn cael ei sobri gan delyneg iasol Marged Tudur a'i 'dyddiau'n gwisgo clocsiau' (t. 110).

Beirdd arbennig ar gyfer gornest arbennig: Guto Dafydd, Llion Jones, Ifor ap Glyn, Aneirin Karadog, Tudur Hallam, Mari George a Mair Tomos Ifans yn cystadlu mewn talwrn yn 2019 i ddathlu deugain mlynedd o ddarlledu'r rhaglen.

Ddeugain mlynedd ar ôl yr ymddangosiad cyntaf hwnnw yn Rhuthun, fe dderbyniais i wahoddiad y llynedd i gymryd rhan mewn Talwrn arbennig i ddathlu'r deugeinfed pen-blwydd, a hynny, yn briodol ddigon, fel rhan o Ŵyl Gerallt. Lai na deuddydd cyn yr ornest, roedd fy nhîm i yn brin o bennill i gyfarch y rhaglen ar achlysur ei deugeinfed pen-blwydd. Dan bwysau braidd, bu'n rhaid bodloni ar bennill ffwrdd-â-hi. Wrth ei ddarllen eto yng nghysgod y gyfrol hon, rhywsut neu'i gilydd, mae'r cyfuniad o ddiffuantrwydd a lled-wamalrwydd yn taro rhyw dant, ac yn driw, gobeithio, i'r math o brofiadau a fowldiodd ran o fywydau cynifer ohonom.

Am ddeugain mlynedd ar yr awyr
Ces hobnobio gyda'm harwyr,
Golud oes fu rhannu teisen
Gydag Iwan a John Ogwen,
A bu geirda Gerallt, Dic
A Ceri Wyn yn eitha' cic,
Ond yn fwy na dim, bu sieciau hael
Y BBC yn werth eu cael.

LLION JONES

Cawsom hafau'r dyddiau da,
hwyl laweroedd yn clera.

GERALLT LLOYD OWEN

TALWRN Y BEIRDD: DECHRAU'R DAITH

IDRIS REYNOLDS

Yn 1979 penderfynodd y BBC wahodd corlannau o feirdd gwlad i gystadlu yn erbyn ei gilydd ar raglen radio arbrofol. Dros ddeugain mlynedd yn ddiweddarach, yn brawf o lwyddiant y fenter, mae'r rhaglen yn dal ar yr awyr. Gerallt Lloyd Owen oedd y Meuryn, a Gwyn Williams oedd y cynhyrchydd, ac ef hefyd a lywiai'r noson. Unsillafog fyddai ei ymateb i gyfraniadau'r cystadleuwyr, ond roedd i'r 'O!' honno fyrdd o wahanol adleisiau a fyddai'n pwyso a mesur gwerth y cerddi'n weddol fanwl cyn i Gerallt gael ei afael arnynt. Yn ddiarwybod, datblygodd i fod yn ail lais yn y broses o feirniadu. Enillodd y rhaglen ei phlwyf i'r fath raddau fel y byddai pobl na fydd yn ymddiddori mewn barddoniaeth cyn hynny yn aildrefnu eu patrwm gwaith er mwyn cael gwrando ar raglen *Talwrn y Beirdd* amser cinio bob dydd Mawrth. Mae'n drueni fod y slot hon, slot yr ailddarllediad, wedi cael ei cholli yn yr ad-drefnu diweddar yn amserlenni'r Gorfforaeth.

Tua chanol yr 80au dilynwyd Gwyn Williams fel cynhyrchydd gan Trystan Iorwerth. Adeiladodd ar seiliau cadarn ei ragflaenydd, gyda Maud Griffiths yn gyfrifol am y trefniadau ac am gadw'r sgôr, a Dic Jones yn llywyddu. Tua'r un amser penodwyd Dr Roy Stephens yn ddarlithydd yn yr Adran Efrydiau Allanol yng Ngholeg y Brifysgol yn Aberystwyth, ac aeth ati i sefydlu dosbarthiadau nos i ddysgu'r gynghanedd ar hyd y gorllewin. Roedd yn gyfnod cyffrous ym myd Cerdd Dafod a sefydlwyd dosbarthiadau cyffelyb mewn rhannau eraill o'r wlad. O ganlyniad, ffurfiwyd nifer o dimau newydd. Er enghraifft, yr oedd yng nghyfnod Roy gynrychiolaeth o saith tîm talwrn gwahanol ar lyfrau'r dosbarth yn Nhan-y-groes, Ceredigion. Roedd y brwdfrydedd yn heintus. Bob tro y byddai un o dimau Caffi'r Emlyn yn gorfod croesi afonydd Teifi neu Ystwyth, arferid llogi bws ar gyfer y cefnogwyr – gyda'r BBC yn talu. Byddai'r *ultras* deallus hyn yn chwyddo'r cynulleidfaoedd ac yn ychwanegu at awyrgylch y noson. Cofiaf deithio ar y bws i Lantwymyn gyda thîm Tan-y-groes. Er mai cymharol ddibrofiad oeddynt ar y pryd llwyddwyd i drechu cewri Bro Ddyfi y noson honno. Roedd hi wedi deg o'r gloch arnom yn gadael y neuadd, eto mynnodd Emyr Oernant fod y bws yn galw ar y ffordd adref yng nghartref Roy yn Llanbadarn er mwyn hysbysu'r athro o lwyddiant ei ddisgyblion.

Daliai'r gyfres i gynyddu mewn poblogrwydd i'r fath raddau nes fod rhai o'n sefydliadau cenedlaethol fel y Cynulliad, y Llyfrgell Genedlaethol, yr Ardd Fotaneg a rhai o'n colegau prifysgol yn awyddus i'w gwahodd i'w cynteddau. Er hynny, cartref naturiol y Talwrn oedd y festri a'r neuadd bentref gydag aelodau'r capel neu'r Merched y Wawr lleol yn darparu'r lluniaeth. O ganlyniad, daeth y gwleddoedd a gaed mewn mannau fel Hermon a Chaffi'r Emlyn yn rhan o'r chwedloniaeth.

Bu'r cwmnïau teledu hefyd yn taflu llygad eiddigeddus ar lwyddiant y fformat a chafwyd cyfres neu ddwy ar y sgrin fach. Er hynny, ni lwyddodd y cyfrwng gweledol i ddal naws gartrefol y rhaglen radio, ac yn yr amser a dreuliwyd yn y stiwdio er mwyn cael popeth yn berffaith fe gollwyd tipyn o hwyl naturiol y gornestau digamera. Ar y radio, ni fyddai angen llawer mwy na throi'r peiriant recordio ymlaen gan adael i bethau redeg eu cwrs. A gyda hen lawiau fel Gerallt, Dic a Maud wrth y llyw ni fyddai angen gormod o olygu ar y tâp gwreiddiol ar ôl hynny chwaith.

Un o'r cystadlaethau sy'n cyfrannu at natur anffurfiol y Talwrn yw'r gamp o ateb llinell ar y

Idris Reynolds yn perfformio gyda thîm Crannog.

pryd. Mae'n hollol fyrfyfyr ac yn ychwanegu at densiwn y noson i aelodau'r timau. Cofiaf un achlysur yng Nghlwb Rygbi Pen-y-groes. Gornest rhwng Tan-y-groes a Llambed oedd hi ac ar y diwedd roedd y ddau dîm yn gyfartal. Gan mai gornest colli-ac-allan oedd hi, bu'n rhaid gosod llinell ychwanegol. Y llinell a osodwyd gan · Gerallt oedd – 'Ym Mhen-y-groes mae hi'n grêt'. Daeth ateb John Rhys Evans o dîm Llambed fel bwled o wn – 'Un ergyd a dau darget'. Yr hyn sy'n ychwanegu fwyfwy at y gamp yw fod Gerallt yn un o sêr *Shotolau* – rhaglen saethu a oedd yn boblogaidd ar y teledu – ar y pryd.

Arwel Jones ac Emyr Oernant o dîm Tan-y-groes: dau gefnder a dau o selogion y Talwrn dros y blynyddoedd.

Cofiaf hefyd ateb gan Emyr Oernant, un o gymeriadau mawr y Talwrn. Y llinell a osodwyd gan Ceri Wyn oedd – 'Fe af ar fy mhen fy hun'. Yr oedd ffyddloniaid Caffi'r Emlyn fel pe baent yn disgwyl ymateb ffraeth, ond fe'u sobrwyd gan linell iasol Emyr, 'Ni welaf neb yn dilyn'. Yn yr eiliad honno, crisialwyd gallu'r Talwrn i bendilio'n esmwyth rhwng y dwys a'r digri. Atebwyd y llinellau hyn o dan bwysau aruthrol o fewn cwta funud, ond byddai'n amhosib rhagori arnynt pe ceid blwyddyn i wneud hynny.

Un arall o ogoniannau'r Talwrn yw ei fod yn llwyddo i ddifyrru ac addysgu o fewn cwmpawd yr un rhaglen. Gerallt fyddai prif ffynhonnell y ffraethineb a phe bai ambell i dalyrnwr yn mynd dros ben llestri câi wybod hynny. 'It's my show' oedd un o'r canllawiau pwysicaf. Fe'i cofiaf yn canmol un o englynion Emyr Oernant gan ddatgan na allai Dic ei hunan fod wedi rhagori ar yr esgyll. Yna, oedodd am eiliad neu ddwy er mwyn i Emyr gael amser i ymchwyddo yn y fath glod cyn ychwanegu y byddai Dic wedi gwneud tipyn gwell gwaith o'r paladr! Gallai Gerallt ein codi i'r entrychion cyn ein gosod yn ôl yn ofalus yn ein priod le, a hynny heb i neb deimlo ddim dicach.

Aeth naw cyfres heibio ers i Gerallt roi'r gorau i feurynna. Fel y gŵyr cefnogwyr Man U ac Arsenal, tasg anodd yw dilyn eicon hirhoedlog. Gallai colli Gerallt fod wedi lladd y Talwrn ond llwyddodd penaethiaid Radio Cymru, lle methodd y clybiau pêl-droed, i ddod o hyd i olynydd teilwng. Erbyn hyn mae plesio Ceri Wyn yr un mor bwysig i'r talyrnwyr, hen ac ieuanc, ag ydoedd ennill clust a chalon Gerallt gynt. Mae wedi gosod ei stamp unigryw ar y rhaglen. Fel Gerallt, cymer fantais o'r llwyfan i fireinio'n crefft ni oll. Gwna hynny drwy bwysleisio grym y diriaethol, drwy ddiwnio'n clustiau i guriad geiriau a thrwy'n dysgu mai'r 'dwedyd llai sy'n gwneud llên'. Yn y pen draw, chwilio am yr ias a wna fel ei ragflaenydd, chwilio am y dweud a fyddai'n ei symud hyd ddagrau. Gyda dogn helaeth o hiwmor a llais cadarn mae'n llwyddo i gadw llygad ar y rheolau heb amharu ar lif y chwarae. Ef erbyn hyn yw'r Nigel Owens, y rhif un, yn ein gêm o drin geiriau.

Llais

Y Talwrn cyntaf yn Nhan-y-groes ar ôl colli Dic

Heno mae llais yn eisie,
y llais a fu'n swyno'r lle,
llais fu'n gyngerdd o gerddi
yn nosweithie'n hendre ni,
y llais mwyn uwch lleisiau mân
a hwnnw'n gôr ei hunan.
Mae'r cyfan mor wahanol
i'r un llwyfan aria'n ôl,
mor egwan yw cân ein côr
a thiwn yn brin o'i thenor,
ac anodd fydd in ganu
heb nodyn y deryn du.

IDRIS REYNOLDS

Dic Jones, cyflwynydd y Talwrn ar un adeg ac un o gyd-aelodau Idris Reynolds yn nhîm peryglus Crannog.

MAUD GRIFFITHS

Cyfeillgarwch. Dyna be dwi'n ei gofio fwya am fy nghyfnod hapus yn gweithio ar raglen y Talwrn. Fi oedd yn gofalu am gadw'r marciau a rhai o'r trefniadau, gyda Gerallt yn Feuryn a Dic Jones wrth ei ochr fel Llywydd. Roedd gen i barch mawr at y ddau ohonyn nhw – yn eu hedmygu nid yn unig fel Prifeirdd ond fel pobl ddifyr, llawn gwybodaeth hefyd. Bob tro y byddai Dic yn gyrru fyny i'r gogledd roedd ganddo englyn newydd sbon wedi'i gyfansoddi yn ystod y daith yn barod i'w rannu efo ni a'r gynulliedfa. A byddai Gerallt yntau – gyda'i straeon a'i gof rhyfeddol – wedi paratoi'n drylwyr cyn pob rhaglen. Roedd Gerallt hefyd â'r gallu i gofio perfformiadau o raglenni'r gorffennol, a hynny'n ychwanegu haen arall at ddifyrwch y rhaglen. Byddai'r tri ohonom yn cael y fath hwyl wrth i Gerallt dynnu coes ambell i dalyrnwr. Cofiaf chwerthin nes torri 'mol ar brydiau wrth glywed rhai o'r beirdd yn datgan eu caneuon. Dro arall, roedd gweld Gerallt dan deimlad wrth iddo lefaru llinellau oedd wedi ei blesio'n arw'n ddigon i roi ias i rywun – a phawb o'i amgylch yn synhwyro'r wefr a deimlai.

Wrth i'r blynyddoedd fynd heibio, tyfodd y cyfeillgarwch rhyngom yn un agos iawn a chefais gyfle i adnabod teuluoedd Gerallt a Dic, a gwneud ffrindiau oes â llawer o aelodau'r timau hefyd. I mi, nid rhaglen radio oedd y Talwrn ond cymdeithas – cymdeithas o bobl yn dod ynghyd o bob cwr o Gymru i gymdeithasu ac i werthfawrogi barddoniaeth – a bu'n fraint cael bod yn rhan o'r gymdeithas honno.

RHYS DAFIS

(Llansannan, Ffostrasol, Y Dwrlyn, Y Garth, Awyr Iach, Aberhafren, Hiraethog)

Roedd y traddodiad Cerdd Dafod yn dal yn fyw iawn yn ardal Hiraethog pan oeddwn yn blentyn, ond does dim dwywaith bod campau cynganeddol Gerallt, Dic Jones, Alan Llwyd ac eraill yn y 70au wedi tanio brwdfrydedd newydd. Roedd dosbarthiadau cynganeddu yn gyffredin mewn cymunedau ar draws y gogledd, a phan symudais i'r gorllewin i fyw am gyfnod yn yr 80au, cefais fod yr un chwilfrydedd wedi cydio yn ddwfn yno hefyd. Un o ganlyniadau hyn mewn nifer o ardaloedd oedd sefydlu cynghreiriau 'Ymryson y Beirdd', ac roedd 'Cynghrair Hiraethog' fy ardal i yn cynnwys chwe thîm, gyda chwech ym mhob tîm. Cael a gwneud y tasgau i gyd ar y pryd oedd y rheol – rhyw gwta 20 munud – a dyna garreg hogi ardderchog o galed oedd honno! Beirdd a Phrifeirdd fel Gwilym R. Jones a Tilsli, Mathonwy Hughes, Emrys Roberts ac Eirian Davies oedd yn meurynna wrth i'r gornestau symud o gwmpas y cymunedau, pob un ohonynt yn arwr i ryw gyw bardd fel fi oedd wedi mopio efo'r grefft.

Tim Hiraethog: Gwenno Davies, Eifion Lloyd Jones, Rhys Dafis, John Glyn Jones, Gwenan Prysor a Ffion Gwen Jones.

I'w canol fel Meuryn y daeth Gerallt ddihafal â'i gloriannu hwyliog ac annwyl a bachog, a thyfodd yn ffefryn gennym ar unwaith. Yna, un noson, a gallaf gofio yr ornest honno rŵan, mi soniodd o am y bwriad i sefydlu'r Talwrn ar y radio, gan ein hannog bob tîm i gynnig ein henwau. A dyna ddigwyddodd. Does dim dwywaith bod y dosbarthiadau lleol a'r timau ymryson niferus wedi cynnig sylfaen barod i lansio'r rhaglen. Roedd y cyfnod paratoi, wrth gwrs, yn wahanol i'r ymryson, ond yr un cynhwysion bron aeth i'r sosban ag oedd yn badell ffrio gynt. Mae'r gweddill, fel dwedan nhw, yn hanes.

Cyfraniad mwyaf y Talwrn byth ers hynny fu rhoi anogaeth, cyfle a meithrinfa i feirdd o bob oed ddangos eu dawn, a llwyfan iddyn nhw rannu eu perlau gydag arwr o fardd a'r holl wrandawyr ffyddlon. Yr un mor bwysig oedd galluogi cymaint o bobl o'u cadair adre i gael bod yno yn rhan o'r 'O!' a'r chwerthin a'r cymeradwyo, ac aros am y wich unigryw honno yn chwerthiniad Gerallt!

Mi fûm i mor lwcus â bod yn gysylltiedig â sawl tîm, wrth symud i fyw i'r gorllewin ac yna'r de, cyn symud yn ôl yma i Lansannan. Yr un fu'r profiad ym mhob ardal wrth i ddosbarth droi'n dîm, a Radio Cymru a Gerallt bob amser yn eu cymell a'u croesawu. Mae'r cyfraniad hwn at barhad ein traddodiad y tu hwnt i unrhyw fesur, ac yn ddeorfa feirdd sy'n parhau yr un mor llwyddiannus gynhyrchiol yng ngofal deheuig Ceri Wyn. Mi fu'n fraint cael bod yn rhan o'r cyfnod rhyfeddol hwn yn esblygiad byrlymus ein traddodiad barddol unigryw.

EIFION LLOYD JONES

(Dinbych, Hiraethog, Yr Arglwydd de Grey)

Yn fuan ar ôl i mi fudo i Ddinbych ddechrau'r 80au, gofynnwyd i mi ymuno â thîm Talwrn y dre'. John Glyn Jones, John Idris Owen, Berwyn Roberts a Silyn Jones oedd yr aelodau sefydlog, ond fe gefais innau fy nghyfle. Bu John Glyn yn cynnal y tîm am flynyddoedd lawer gan gasglu aelodau newydd o'i ddosbarth cynganeddu – yn ferched oll! Ffion Gwen Jones, Gwenno Davies a Gwenan Prysor. Ond gan nad oedden nhw'n byw yn y dref ei hun, a minnau wedi mudo i Brion erbyn hynny, newidiwyd enw'r tîm i Hiraethog, a chroesawyd Rhys Dafis atom hefyd.

Roedd John Glyn wedi cynnal traddodiad Gwilym R. Jones o gynnal dosbarth cynganeddu yn y fro, a mawr fu gwerthfawrogiad llawer o'i arweiniad difyr a galluog. Mawr hefyd fu'r hwyl a thynnu coes wrth deithio Cymru'n cystadlu mewn neuadd a festri cyn cael profi lluniaeth blasus y gwragedd!

Yn bersonol, mae fy nyled innau'n fawr i John Glyn ... ac i raglen y Talwrn. Heb y rhaglen, a chael rhan ynddi gyda John Glyn, a chefnogaeth garedig Gerallt a Ceri Wyn, go brin y byddwn i wedi creu degfed ran o'r cerddi a luniais i dros y blynyddoedd. Yn sicr, fyddwn i ddim wedi cael y fraint fawr o gyhoeddi cyfrol o'm cerddi y llynedd.

John Glyn Jones cymwynaswr, talyrnwr ac athro beirdd.

17

> *Ein Talwrn di-ddwrn a ddaeth*
> *yn Dalwrn ein brawdoliaeth.*
>
> **GERALLT LLOYD OWEN**

TEULU'R TALWRN

DWYNWEN MORGAN

Ar nos Fawrth, Chwefror 26ain, 2002, dechreuais shifft nos newydd, go anarferol. Nid yn y swyddfa ym Mangor lle roeddwn i'n gweithio fel cynhyrchydd yn adran rhaglenni cyffredinol Radio Cymru, ond yn Neuadd Bentref Sarnau, yng ngodre Ceredigion. Roedd fy uwch-gynhyrchydd, Trystan Iorwerth, a dreuliodd flynyddoedd lawer fel cynhyrchydd *Y Talwrn*, wedi penderfynu pasio baton y gyfres i mi.

Wrth gwrs, roeddwn i'n ymwybodol o'r rhaglen eithriadol hon a oedd yn un o gonglfeini darlledu'r orsaf. Roeddwn i wedi'i chlywed sawl tro yn blentyn – yn y gegin adre, yn gefndir i bobi a phrysurdeb Mam. Byddai hi'n aml yn hel atgofion am ddyddiau coleg ym Mangor, gyda Gerallt yn serennu yn yr hanesion droeon. Roeddwn i hefyd, fel cynifer, wedi dysgu llinellau enwog Gerallt yn yr ysgol gan ryfeddu at ei ddawn a grym ei eiriau. Felly roedd cael fy hun yn rhannu llwyfan gyda'r trysor cenedlaethol hwn yn dipyn o agoriad llygad, ac yn destun cryn ddychryn i gyw cynhyrchydd. Ond cefais groeso mawr ganddo. Rhannodd hanesion a chyngor doeth â mi, a buan y daeth rhannu desg y Talwrn gydag e yn ail natur. Wrth deithio'r wlad, mi dreulion ni oriau di-ben-draw yn y car yn sgwrsio am hyn a'r llall – Gerallt yn rholio'i lygaid wrth i DJ fwydro neu chwarae cân wael – ond yn aml mewn tawelwch diddan, cyfforddus. Dywedodd Gerallt wrtha i sawl tro nad oedd e'n gallu dioddef pobl sy'n siarad er mwyn llenwi tawelwch; roedd geiriau'n bethau rhy bwysig i'w gwastraffu. Dyna un o'i wersi mawr.

Roedd hi'n glir o'r cychwyn fod ei ganmoliaeth e'n golygu'r byd i'r beirdd a bod perthyn i'r clwb 'Gerry gave me 10!' yn anrhydedd eithriadol ac yn un o'r ffactorau a fyddai'n annog y beirdd i gystadlu'n wythnosol. Canmoliaeth o fath gwahanol a dderbyniais i gan Gerry: "dech chi'n dipyn o ddreifiwr, Dwynwen'! Ambell dro golygai gofynion gwaith fy mod i'n aros yn yr ardal i weithio'r diwrnod canlynol ar ôl recordio'r Talwrn, ond adre y mynnai Gerallt fynd. Ar achlysuron tebyg, byddai wastad yn holi'n benodol am un gyrrwr tacsi. Mi gymerais innau fod Gerallt wedi mwynhau'r sgwrsio – neu'r tawelwch – ar eu teithiau, falle? Ond na. Camp y gyrrwr neilltuol hwnnw oedd ei allu i'w heglu hi o Abertawe bob cam i Landwrog mewn ychydig dros ddwyawr!

Wedi 32 mlynedd gyda Gerallt wrth y llyw, dechreuodd pennod newydd yn hanes y gyfres yn 2012 wrth i Ceri Wyn Jones gymryd yr awenau fel Meuryn, gyda'i frwdfrydedd, ei ffraethineb a'i ddadansoddi craff yn gymaint o gaffaeliad i'r gyfres. Ar ei batsh ei hun, gyda mantais chwarae gartref, y dechreuodd Ceri ei feuryniaeth: yng Ngwesty'r Emlyn, Tan-y-groes. Roedd mentro i'r gogledd i recordio am y tro cyntaf yn fwy o brawf. Er iddo dderbyn *sat-nav* yn anrheg y Nadolig hwnnw, dysgodd y Meuryn beidio â dibynnu'n ormodol ar y teclyn. Mi gafodd groeso cynnes gan gynulleidfa Llansannan, bron i awr yn hwyr wedi *detour* go helaeth!

Ceri Wyn Jones a Dwynwen Morgan wrth y llyw yn Ffeinal 2016.

Mae'r radio yn gyfrwng unigryw ac agos atoch, ac mae criwiau holl raglenni Radio Cymru'n llawenhau o gael bod yn rhan o fywydau'n gwrandawyr. Mae hynny'n arbennig o wir yn achos y Talwrn gan mai hi yw un o'r ychydig gyfresi sydd erbyn hyn yn cael ei recordio'n gyfan-gwbl ar leoliad yng nghymunedau'n gwrandawyr selog ni. Ac mae ein sioe deithiol ni'n parhau i dderbyn gwahoddiadau lu gan gymdeithasau ar draws y wlad, gyda chryn edrych ymlaen gen i a gweddill y criw at weld lle sydd am estyn croeso ar ddechrau pob cyfres. Rhyngom ni rydym ni wedi dod i nabod yr hen wlad yma, a'i ffyrdd truenus, dipyn yn well oherwydd teithiau'r Talwrn. Mae'r gwahoddiadau wedi'n harwain ni i ddarlledu o glybiau rygbi, festrïoedd, neuaddau pentref bach a mawr, ysgolion, amgueddfeydd ac o ganol fforest law yr Ardd Fotaneg Genedlaethol, hyd yn oed! Yn 2007, bridfa cobiau Derwen ger Llannon oedd ein cyrchfan digon anarferol ni, ar wahoddiad y perchennog, Ifor Lloyd. Wrth i dimoedd Bro Ddyfi, Tan-y-groes, Crannog a Ffostrasol fynd trwy eu pethau yn y sied geffylau, daeth sŵn gweryru mawr o stabl gyfagos wrth i gaseg roi genedigaeth. Cyrhaeddodd yr ebol cyn diwedd y recordiad a chafodd y cobyn bach ei alw'n Tia Talwrn i gofio am yr achlysur!

Mae mwy i dîm y Talwrn, wrth gwrs, na wyneb cyhoeddus y Meuryn a'r cynhyrchydd sy'n rhannu desg o flaen y gynulleidfa. Bu nifer o ymchwilwyr, cynorthwywyr cynhyrchu a pheirianwyr sain yn cyfrannu'n ddiwyd iawn tuag at lwyddiant y gyfres dros y blynyddoedd. Un o'r criw gweithgar yma ydi Emyr Evans, sy'n beiriannydd sain ym Mangor. 'Dwi'm yn dallt *poetry*, dwi'n dod o Clwyd,' meddai. Ond wedi dweud hynny, mi fydd yn nodi unrhyw linellau neu gwpledi sy'n dal ei sylw yn ystod y recordiad ar ddarn o'r tâp trwm sy'n cael ei ddefnyddio i sicrhau bod y cêbls yn sownd i'r llawr, ac yna'n eu gludo at wal y fan, yn oriel fach o rigymau ac odlau bachog i godi gwên. Mae e'n cytuno bod y Talwrn – rhwng y chwerthin, y gwmnïaeth a'r bara brith – yn un o'r jobsys gorau posib!

Ers dechrau fy nghyfnod i mae dros chwe chant o raglenni wedi bod, ac yn y cyfnod hwnnw bu sawl datblygiad. Mae'n wych gweld cymaint mwy o ferched yn cyfrannu erbyn hyn, er enghraifft, er bod wastad le i wella o ran hynny. Mae'r diddordeb ymhlith y gynulleidfa hefyd wedi mynd o nerth i nerth. 'Nôl yn 2002, cefais fy synnu'n syth gan faint dilyniant y Talwrn – nid academyddion ac anor/acs yr acen – ond gwrandawyr o gefndiroedd amrywiol. Trwy gynnal gornestau arbennig mewn lleoliadau amgen, megis rhwng ysgolion er enghraifft, y gobaith yw meithrin cenhedlaeth newydd o wrandawyr ac o feirdd.

Un o fanteision gweithio ar y gyfres cyhyd yw cael gwylio beirdd newydd yn ymuno ac yn prifio o ran hyder wrth dderbyn anogaeth y Meuryn a chydnabyddiaeth cynulleidfa. Mae gwylio bardd ifanc, angerddol, yn dechrau disgleirio yn gymaint o bleser ac mae'n gyffrous gweld cymaint o griwiau'n datblygu eu platfformau eu hunain, sydd wedi arwain at greu sin fyw, fyrlymus o berfformio Cerdd Dafod. Ond yr hyn sy'n para'n ganolog i'r Talwrn yw ymroddiad a brwdfrydedd y beirdd sy'n rhoi eu nosweithiau i deithio dros y wlad i ddarllen eu cerddi. Mae eu cyfraniad nhw i barhad y gyfres yn amhrisiadwy ac rydym ni fel tîm cynhyrchu ac fel gorsaf mor ddiolchgar iddynt.

Cafodd trefn recordio'r Talwrn, fel popeth arall, ei throi ben i waered yn 2020 gan ddyfodiad Covid 19 a'r meudwyo mawr a ddaeth yn ei sgil. Byddai'r holl beth wedi gallu golygu diwedd y byd i gyfres mor gymdeithasol, ond cytunwyd ei bod hi'n bwysig parhau i ddarparu rhaglen mor gyfarwydd i'n gwrandawyr mewn cyfnod mor ansicr, a bwriwyd ati i addasu'r trefniadau. Golyga'r arloesi fod y cyfan yn cael ei recordio dros y we o fy nghegin i ym Mhwllheli a stydi'r Meuryn yn Aberteifi wrth i ni ganfod dulliau newydd o ddarlledu. Trwy gyfnod y Covid, mi fuom ni'n dibynnu ar y beirdd â'u ffonau poced i recordio'u cerddi a'u hanfon ataf drwy WhatsApp neu e-bost – proses gwbl ddiarth i ambell un o'n beirdd hŷn. Diolch byth am dechnoleg! Dwi mor falch fod y gyfres wedi llwyddo i barhau, ond dwi'n siŵr fod y beirdd a'r Meuryn yn edrych ymlaen at deithio eto er mwyn iddi gael dychwelyd i'w chynefin – o flaen cynulleidfa.

Trwy deulu'r Talwrn, dwi wedi gwneud ffrindiau da sydd wedi peri i mi chwerthin a cholli sawl deigryn o flaen cynulleidfaoedd ledled y wlad, ac mae hi wedi bod yn anrhydedd i chwarae rhan fechan iawn yn hanes y rhaglen. Ond wedi blynyddoedd o dalyrna, yn anffodus, dydi'r gallu i farddoni a chynganeddu yn DAL ddim wedi treiddio i fy isymwybod drwy osmosis! Does gen i ddim gronyn o'r ddawn dweud na'r diléit mewn chwarae gyda geiriau sydd gan gyfranwyr y gyfres. Dwi'n dueddol, felly, o adael y geiriau i'r Meuryn, ac yn ôl yr arfer, mae geiriau Gerallt yn cyfleu'r cyfan sydd angen ei ddweud …

Talwrn y Beirdd

Er ymryson barddoniaeth â'n gilydd
i gael goruchafiaeth,
ein Talwrn di-ddwrn a ddaeth
yn Dalwrn ein brawdoliaeth.

GERALLT LLOYD OWEN

HAF LLEWELYN
(Penllyn)

Tua chanol y 90au y ces i'r wŷs i ymuno â thîm Penllyn; gwŷs oedd hi'n sicr, oherwydd doedd yna ddim dewis i fod, ond dwi'n fythol ddiolchgar amdani. Cofiaf Gwen Edwards, y Parc, a'i chywyddau gwych, Eirlys Hughes o'r Bala a'i thelynegion a hiwmor Sioned Huws yn disgleirio. Byddai Dr Iwan Bryn Williams a Wil Coed y Bedo (William Jones Williams) yno'n gadarn eu barn a'u cefnogaeth. Erbyn hyn, dim ond Beryl Griffiths a finnau sydd ar ôl o'r hen griw, ond mae'r gwmnïaeth yr un mor ddifyr.

Roedd – ac mae – cefnogaeth gweddill y tîm yn werthfawr iawn a'r sgwrs gyda beirdd y timau eraill, mewn mannau diarffordd ledled Cymru, yn parhau i ddifyrru. O uchelderau Golan i Ryd-y-foel, o Bren-teg i Bennal, byddai'r drafodaeth dros baned a chymharu brechdan a thelyneg – gan ryfeddu at adeiladwaith y naill a'r llall fel ei gilydd – yn codi calon. Byddai hen dynnu coes a herio ar ôl cyrraedd, heb ddechrau sôn am y teithiau yno ac oddi yno. Buom trwy lifogydd ac eira, ffriddoedd a ffosydd, heibio croesffyrdd a throadau, ambell ddibyn a chloddiau, a rhywun o'r tîm yn siŵr o adrodd stori am gymeriad o fan hyn neu'r fan arall, a chwerthiniad gwichlyd Gerallt yn ein dilyn ar y daith. Rhyw bethau felly sy'n gwneud y Talwrn yn arbennig i mi.

BERYL GRIFFITHS
(Penllyn)

Y Dr Iwan Bryn Williams oedd sylfaenydd tîm Penllyn 'nôl yn y 90au a ni all neb ofyn am gapten gwell. Byddai'r tasgau yn cyrraedd trwy'r post yn brydlon a chais caredig yn ei ysgrifen fân, daclus, am ryw bennill neu gân fel arfer. Byddai'r dyddiad dychwelyd yn glir, a thros y blynyddoedd fe ddaethom i ddeall fel tîm bod prydlondeb yn hollbwysig. Os na fyddai'r cerddi wedi cyrraedd erbyn y dyddiad penodedig byddai'r alwad ffôn yn siŵr o ddod. Weithiau deuai cais am esboniad, neu awgrym am welliant yma ac acw, a dyna arwydd pendant nad oedd y gwaith yn cyrraedd ei safon. Roedd tawelwch, fel arfer, yn arwydd da. Ond, fel y sylweddolais wedyn, gallai fod yn arwydd o anobaith hefyd!

Byddai'r trefniadau teithio yr un mor fanwl a'i ofal dros y tasgau a phrydlondeb, gair anghyfarwydd braidd i mi, yn allweddol. Wnâi byth anghofio'r tro y trefnwyd i adael y Bala am 5.30 i deithio i Lansannan. Roeddem, wrth gwrs, yn brydlon dros ben, ac ar ôl treulio rhyw hanner awr yn y car, ymlwybro i'r Festri. Ond, yn anffodus, hwn oedd y tro cyntaf i'r Meuryn, Ceri Wyn, fod mewn Talwrn yn Llansannan ac roedd wedi cael cryn drafferth yn dod o hyd i'r lle, ac felly, yn wahanol i ni, roedd o'n hwyr iawn yn cyrraedd. Bu'n noson faith, ond yn noson ddifyr.

Bu'n rhaid i'r Capten ollwng gafael ar yr awenau, yn anffodus, ond roedd ei ofal am y tîm yn parhau'n fawr. Yn y blynyddoedd olaf y bu'n teithio efo ni byddai'n dweud yn aml iawn mor falch oedd o bod cyfran helaeth o'r tîm, neu'r cyfan ar un cyfnod, wedi bod yn ddisgyblion iddo. Ein braint ni yw cynnal y tîm a dal i roi'r pwyslais, fel yr oedd yntau, ar gystadlu yn deilwng.

ARWEL EMLYN JONES
(Ysgol y Berwyn, Yr Arglwydd de Grey)

Y cof cyntaf sydd gen i o'r Talwrn ydi Nain, Llygfynydd, yn gwrando'n astud ar y radio a Gerallt a hithau'n chwerthin yn iach wrth iddo ddweud, neu ddyfynnu efallai, 'Yr hen a ŵyr, yr ifanc a ŵyr y blydi lot'! Wedyn, gydag anogaeth Huw Dylan o Langwm, cyfaill a chyd-athro i mi yn Ysgol y Berwyn, dyma gychwyn cystadlu fel tîm Ysgol y Berwyn (enw diddychymyg, braidd!). Profiad mawr oedd gweld be oedd yn 'gweithio' ac roedd y tensiwn rhwng canmoliaeth a chondemniad yn sicr yn cadw rhywun ar flaenau'i draed.

Roedd y *local derby* rhwng Penllyn ac Ysgol y Berwyn yn dod yn aml. Un tro, mewn gornest rhyngom yn y Parc ger y Bala fe ofynnodd Gerallt i fachgen yn y gynulleidfa, 'Pwy wyt ti'n ei gefnogi?' 'Y Scarlets!' oedd yr ateb chwim a phendant, a phawb yn rholio chwerthin. Roedd Gerallt wrth ei fodd efo'r ateb. Be ydi'r ots am feirdd lleol?!

Cofiaf i dîm Ysgol y Berwyn gorddi'r dyfroedd go iawn, un tro. Be wnaethon ni oedd defnyddio englyn gan aelod o'r tîm a gipiodd y wobr gyntaf yn Eisteddfod Llanuwchllyn ar gyfer tasg yr 'englyn ar y pryd' (ailbobi, nid llên-ladrad, cofiwch!). Englyn i Anne Robinson – a Gerallt wedi ei blesio'n arw ar y noson. Ond cyn pen dim, roedd llythyrau cwyno dienw yn cyrraedd papur lleol *Y Cyfnod* a hyd yn oed y BBC! Cawsom ychydig o ram-tam cwrtais y tro nesaf i ni gwrdd â'r Meuryn – ac yntau'n ein siarsio i beidio ag ailddefnyddio englyn eto rhag iddo dderbyn mwy o lythyrau cas! Pethau felly oedd yn ychwanegu at yr hwyl a'r tensiwn o gystadlu, rhywsut.

Gyda thîm Ysgol y Berwyn yn dod i ben, dyma Huw Dylan a minnau'n penderfynu sefydlu tîm newydd sy'n cynrychioli Rhuthun a'r ardal ehangach – tîm Yr Arglwydd de Grey, archelyn Owain Glyndŵr. Dyma enw i gorddi'r dyfroedd a rhoi safbwynt gwahanol, tafod ym moch, ar bethau gan fod ein beirdd yn dueddol o fod yn weddol unffurf eu safbwynt! Chwarae teg i Ceri Wyn am dderbyn yr enw yn hwyliog ac yn yr ysbryd iawn. A diolch i'r Talwrn am gadw ei gymeriad, y llon a'r lleddf, canmoliaeth a chondemniad, y gwych a'r gwachul.

Tîm Ysgol y Berwyn yn erbyn tîm Penllyn, local derby go iawn: Huw Dylan Jones, Beryl Griffiths, Delyth Humphreys, Arwel Emlyn Jones, Gruffudd Antur, Alwyn Siôn, Dylan Davies, Aled Jones a Haf Llewelyn.

HUW DYLAN JONES

(Ysgol y Berwyn, Yr Arglwydd de Grey)

Bwriad tîm Ysgol y Berwyn o'r dechrau oedd annog diddordeb mewn barddoni ymysg y disgyblion a rhoi cyfle iddynt gystadlu, felly roedd yn dîm cymysg o athrawon a disgyblion o'r cychwyn. Ac roedd Gerallt bob amser yn hynod o garedig gyda'r disgyblion, os nad eu hathrawon, weithiau! Roedd ganddo un ffefryn ymysg y disgyblion brwd – Gruffudd Antur. Mewn un Talwrn y dasg oedd creu englyn beddargraff i gyd-aelod o'r tîm a llwyddwyd rhyngom i ysgrifennu deunaw o englynion. Ond englyn gan Gruffudd i'w gyd-aelod (a'i athro mathemateg) Arwel Emlyn a ddewisodd Gerallt:

> Mae Arwel wedi marw – och a gwae
> rhowch ei gorff i gadw,
> o dan drymder pren derw
> yn hedd y bedd, bw hw hw!!

Tua diwedd y feirniadaeth dyma Gerallt yn dweud ei fod yn amau bod nifer yr englynion a luniwyd yn cyfleu rhyw fath o ddyhead ymhlith aelodau'r tîm!

Yn bersonol, rhaid i mi gyfaddef bod Gerallt wedi bod yn garedig iawn efo minnau ar hyd y blynyddoedd a hynny oherwydd ei gysylltiadau teuluol â Mallt, fy ngwraig. Byddai'n aml yn dweud cyn i mi ddarllen fy ngwaith, "Dan ni'n perthyn, tydan?' a hynny'n cael ei adlewyrchu yn y marc. Byddai hefyd yn dweud yn gellweirus wrth Arwel Emlyn am flynyddoedd cyn iddo ddarllen ei waith, 'Newydd ddechrau cynganeddu 'dach chi'n de?'!

CEN WILLIAMS
(Bro Alaw)

Rhyw flwyddyn ar ôl i griw ohonon ni ddilyn cwrs cynganeddu yn Ysgol Uwchradd Bodedern, dyma benderfynu dod at ein gilydd fel tîm Bro Alaw. Do, mi wnaethon ni ennill y gystadleuaeth gynta' yn erbyn Llangernyw ar Ragfyr 12fed, 1981, trwy garedigrwydd Gerallt a'i anogaeth i dima' newydd. Colli saith gornest fuo hi wedyn, cyn dechra' ennill amball un. Felly, nid elfen gystadleuol a'r awydd i ennill oedd yn ein gyrru ni ymlaen, er ein bod wedi dod yn bencampwyr yn 1989 a chyrraedd yr ornest derfynol, wedyn, yn 1994. Naci, yr hwyl wrth gyfarfod i drafod, beirniadu a dysgu oddi wrth ein gilydd wrth inni ddod â chynnyrch amrwd iawn efo ni ar y Suliau cyn pob cystadleuaeth. Dyma oedd yn ein hannog.

Mae'r atgofion yn llifo: mwynhau slicrwydd doniol Arwyn Roberts a Geraint Jones, profiad a gweledigaeth John Pinion Jones a Richard Parry Jones ac eraill. Mewn gornest gyfartal, a Gerallt yn taflu'r llinell, 'Yr wyf fi ar fai o hyd' i'r pair, atab Arwyn fel 'siot olau' oedd, 'Y nefi! Finna hefyd'. Geraint, wedyn, efo'i 'Ffrindia Jên' a'i geiriau mwys, ac R.S. Thomas o bawb yn anfon at y BBC i gael copi. Hiwmor Gerallt wrth iddo gyrraedd yn hwyr iawn i Dalwrn yn Llanfair-yng-Nghornwy gan weiddi o'r drws wrth wneud ei ymddangosiad, 'Ai yng Nghernyw mae Llanfair-yng-Nghornwy?'! Rhyfeddu at ddoniolwch, clyfrwch a chof Dic wrth iddo'n diddanu a ninnau'n aros am dros awr a hanner yn y Parc am dechnegwyr y BBC. Sylw un o'r tîm ar y ffordd adref oedd:

Ma' nhw'n deud, 'Ar ôl Sam does dim sbarc,
does 'na neb sydd yn cyrraedd y marc'.
    Do'n i ddim 'n credu
    nes iddyn nhw fethu
â threfnu Y *Talwrn* yn Parc.

Hwyl, chwerthin a chwithdod o gofio am aelodau amlwg sydd wedi ein gadael: John Pinion, Arwyn Roberts a Siân Owen. Mae eu gwaith yn gofadail deilwng iawn iddyn nhw.

Tîm Bro Alaw, unig gynrychiolwyr Ynys Môn ar y gyfres erbyn hyn: Ioan Roberts, Ken Owen, Cen Williams, Richard Parry Jones, Geraint Jones a John Wyn Jones.

*Hwn yw iaith ein cenedl ni,
y Meuryn a Chilmeri.*

GERAINT ROBERTS

GERALLT, Y MEURYN
MYRDDIN AP DAFYDD

Mae ymrysona wedi bod yn ysgogiad, yn addysg, yn llwyfan ac yn hwyl i mi ers pan oeddwn i'n rhyw bedair ar ddeg oed. Y Babell Lên yn Eisteddfod Rhydaman oedd fy mhrofiad cyntaf, ac roedd yr awyrgylch yno'n drydanol i hogyn ifanc wrth glywed ergydion Dic, Tydfor, Euryn Ogwen ac eraill yn yr hen gwt pren gorlawn. Ymrysonau ar aelwydydd yn Nyffryn Conwy wedyn ac R.E. Jones yn Feuryn – hanner cant o gynulleidfa, tasgau'n cael eu gosod a'r timau'n ymneilltuo i'r gegin gefn a'r llofftydd, R.E. yn diddanu a'r timau'n dod yn ôl i gyflwyno llinellau cyfoes, cymdeithasol, dychanol, doniol. Geiriau R.E. yn ystod un o'r nosweithiau hynny a roddodd yr hwb i mi ddechrau cynganeddu – 'Wyddoch chi,' meddai yng nghanol yr hwyl ar miri, 'does yna'r un diwylliant arall ar wyneb y ddaear fasa'n medru cynnal noson fel hon dan ni'n ei mwynhau yma heno.'

Sobri'n sydyn a gafael ynddi a chael dod yn brentis i dîm Llanrwst yn erbyn timau Ysbyty Ifan a Nant Conwy yn fuan wedi hynny. Lledodd y gorwelion – a'r testunau – yn ymrysonau'r Geltaidd yn Aberystwyth ac ymrysonau beirdd Ceredigion. Wedyn daeth Barddas a'i ymrysonau misol yng ngholofnau'r papur. Er bod gan Neuadd Pantycelyn dîm yng nghystadleuaeth y cylchgrawn, buan iawn yr aeth tasgau ysgrifenedig, moel yn fwrn arnom ni (fel mae'r ôl-rifynnau'n dangos!). Rhywsut doedd yna ddim blas ar ymryson heb Feuryn a heb gynulleidfa. Mae'r llwyfan a'r ymateb i'r gair llafar mor bwysig ... Yna, daeth Gerallt a'r Talwrn.

1979 oedd y flwyddyn. Cofrestrwyd dau gant a phymtheg o dalyrnwyr yn

Y Meuryn gyda thîm y Tir Mawr, pencampwyr pump o weithiau: Myrddin ap Dafydd, Gareth Williams, Gerallt Lloyd Owen, Gareth Jôs a Huw Erith.

swyddfa Radio Cymru ym Mangor. Roeddwn i'n ôl yn Llanrwst erbyn hynny a gwahoddiad gan griw Aberconwy ddaeth â mi i'r ornest gyntaf. Yn erbyn fy hen athrawon barddol roedd honno – R.E, Huw Sêl a thîm Nanconwy, a aeth ymlaen i fod yn bencampwyr cyntaf y Talwrn. Gwyn Williams o Fangor oedd y cynhyrchydd a'i weledigaeth yntau a Gerallt y Meuryn oedd recordio'r gornestau mewn canolfannau cymdeithasol. O fewn dim cafwyd torfeydd disgwylgar, gwerthfawrogol oedd yn fodlon torri'u boliau yn chwerthin ar y ffraeth a chlustfeinio'n werthfawrogol ar y dwys a'r emosiynol. Roedd hi'n gynulleidfa oedd yn fodlon arddel amynedd a goddefgarwch at anghenion recordio a phroblemau technegol er mwyn clywed y cynnyrch a chael gwrando ar ymateb a sylwadau Gerallt. Dyma wireddu geiriau R.E. eto. Ymhle arall y caech chi raglen o farddoniaeth sydd ymysg y rhaglenni radio mwyaf poblogaidd ac anwylaf erioed gan y gynulleidfa?

Y sylwadau oedd asgwrn cefn llwyddiant y cyfresi cyntaf, does dim amheuaeth. Roedd Gerallt yn medru canfod y darnau o farddoniaeth bur oedd ymysg y degau o linellau a glywid mewn noson ac yn medru ein tywys at eu rhyfeddod, ein cael i werthfawrogi'r grefft a'r gelfyddyd. Roedd hefyd yn medru tynnu coes ambell fardd yn ffraeth a chrafog. Roedd yn rhaid derbyn bod canmol a dychan yn rhan o arfogaeth y Meuryn yn ogystal â'r beirdd. Ac roedd ganddo gof, wrth gwrs. Roedd y cof hwnnw yn mynd â ni yn ôl at gwmni perlau'r gorffennol ac yn rhoi cyfle inni eu hailfwynhau. Recordio heno ar gyfer wythnos nesaf, ond roedd Aneirin a

Thaliesin a'r holl ddiwylliant barddol yn bresennol yn ogystal.

Roedd Gerallt yng nghanol ei dridegau pan ddechreuodd feurynna ar y Talwrn. Byddai felly'n tafoli gwaith rhai beirdd oedd yn ddwywaith ei oedran, rhai yn brifeirdd ers degawdau a rhai fel R.E. Jones a T. Llew oedd yn feurynwyr a darlledwyr eithriadol o brofiadol. Wrth edrych yn ôl, allwn ni ddim ond edmygu'r ffordd y deliodd â hynny, gan ddangos parch bob amser at yrfa a chyfraniad – ond yn dal yr hawl i dynnu marc a blewyn o drwyn pawb, pwy bynnag y bo. Nid eich enw oedd yn ennill marciau ichi!

Câi hwyl o dro i dro yn cael sbort gyda rhai o staff y BBC oedd yn gweithio ar y rhaglen. Tyfodd Maud, y cadwr marciau, wrth gwrs, yn seid-cic i'w gyflwyniadau ac mi fyddai yna biffian chwerthin weithiau wrth iddo dynnu ar Gwyn Williams, y cynhyrchydd a'r llywydd cyntaf. Roedd Gwyn – be ddwedwn ni? – yn rhy hoff o hen ystrydebau weithiau. 'A be ydi'r dasg nesa, Gerallt?' 'Englyn. Englyn pedair llinell.' 'O! Englyn pedair llinell y tro yma..?'

Roedd yn glên yn ogystal â miniog. Câi hwyl yn bychanu yn y Babell Lên, weithiau, pan fyddai amser wedi mynd yn drech nag ambell ymrysonwr a rhyw ateb digon carbwl ganddo i'r dasg osodedig: 'Mae wedi mynd yn nos ar hwn yn y cefn 'na!' Mae methu yn rhan o'r gêm mewn ymryson byw ac roedd 'na dipyn o'i hiwmor yn fflachio uwch llinellau gwan ar y pryd. Ond roedd bob amser yn ofalus ar y Talwrn. Roedd y beirdd wedi cael amser i baratoi. Byddai'n parchu hynny ac yn parchu'r ymdrech.

Roeddan ni'n cael gwersi darllen ganddo fo hefyd. Colbiai'r beirdd yn gyffredinol am draddodi'u llinellau'n wael, yn herciog, yn fyngus ac yn annealladwy weithiau. Swniai'n hymdrechion yn llawer gwell pan oedd Gerallt yn eu darllen. Roedd yn adroddwr greddfol, yn parchu'r seiniau llafar ac yn cyflwyno gyda llygad ar y gynulleidfa. Eisiau ffoi oddi wrth y meic yn ôl i'n seddau cyn handied ag y bo modd oedd greddf llawer ohonom. Dysgodd Gerallt inni barchu crefft llefaru. Daeth ein llinellau'n ystwythach, yn llyfnach a chliriach wrth inni wneud hynny.

Amrywiodd ein mesurau hefyd wrth ymateb i'w destunau. Daeth y cywydd – y cywydd yn arbennig – yn fesur poblogaidd eto drwy gael ei orseddu'n dasg wythnosol i'r timau; felly hefyd yr hir-a-thoddaid, y triban a'r drioled. Mi gafodd y limrig a'r gân ysgafn barch haeddiannol, gan gydnabod bod hiwmor hefyd yn rhan o arfogaeth y bardd. Dychwelodd y delyneg yn ei gwisg fodern drwy gyfrwng y rhaglen, ac roedd yr awen delynegol, gynnil ond llawn teimladrwydd yn cyffroi'r Meuryn yn fwy na dim.

Gyda'r mesurau, daeth cynghorion hen law ar eu trin. Cofiwch, meddai Gerallt – o'r gyfres gyntaf un o'r Talwrn – bod rhythm cywydd yn well os y gwnewch chi amrywio trefn llinellau acennog a di-acen. Cyngor da – ond gwae chi os oeddech chi wedi anghofio'r cyngor a hithau'n ugeinfed cyfres. 'Twt lol. Tydw i wedi deud a deud wrth y beirdd 'ma – dydyn nhw'n gwrando dim arna i...' Mi ddôi'r fwyell i lawr ar y marciau wedyn. Dwi'n dal i glywed ei lais o: 'Gwyliwch ei gor-wneud hi efo rhestru pethau...'; 'Gwyliwch drydedd linell englyn – honno ydi'r un wan...'

Oedd y marciau yn bwysig? Yn gynnar yn hanes y rhaglen, roedd Gerallt wedi pwysleisio, 'Ni roddir gormod pwys ar y cystadlu; creu difyrrwch yn y llon a'r lleddf yw prif amcan y rhaglen, a thrwy hynny, efallai, ennyn rhywfaint o ddiddordeb ac ennill clust cynulleidfa newydd; heb anghofio ychwaith ei fod yn gyfle ardderchog i feirdd profiadol a llai profiadol, fel ei gilydd, loywi eu harfau ac ymarfer eu crefft.' Na, mae cymdeithas y Talwrn yn llawer pwysicach na hynny. Doedd, a dydi'r canlyniadau ddim yn cyfri ond – wel, mae cael gwerthfawrogiad gan y Meuryn yn cyfri. Mae hynny'n wir o hyd.

Dyn paned a ffag oedd Gerallt, ond roedd bob amser yn dangos ei werthfawrogiad o gynnyrch a gweithwyr y gegin. Dyma'r gymdeithas yr oedd yn hoff ohoni, a chofio hynny a wnâi wrth lenwi'r tawelwch a allasai fod pan fyddai'r timau yn ymlafnio – o fewn cyfyngiad o ddau funud – i geisio ateb ei 'linell ar y pryd'. Opsiwn llawer haws iddo fuasai eistedd yn ôl ac edrych ar fysedd y cloc. Ond byddai hynny'n ddiflas i'r gynulleidfa. Yr hyn wnâi fyddai mynd i'w stôr o straeon ac adrodd un neu ddwy yn y gofod hwnnw er mwyn diddanwch y bobl. O ganlyniad, doedd yr un o'r timau yn meddwl am ei dasg – pwy fedrai ganolbwyntio ar ddim byd arall a Gerallt yn dweud stori? Ychwanegodd hynny dipyn at hyd y recordio, ond roedd hi'n werth clywed y straeon:

'Aeth hogyn o Gefnddwysarn i'r Rhyfel Mawr. Doedd diniweitrwydd ddim ynddi wrth drio'i ddisgrifio fo – ond i'r ffrynt lein gath o fynd yn o fuan. A dyna lle'r oedd o – y shels a'r bwledi yn gwibio a ffrwydro o'i gwmpas, dynion yn gweiddi a rhai yn ei ymyl yn tanio'n ôl, a dyma fo'n deud yn hollol o ddifri wrth rai yn ei ymyl – "Wannwl, calliwch hogia bach neu mi fydd na rywun yn siŵr o frifo toc..."'

'Roedd gen i fodryb ac ewythr yn byw ym Meirionnydd. Roedd chwaer Modryb yn byw yn Llundain ac roedd ganddi glamp o gi mawr – mastiff. Roedd honno a'i gŵr eisiau mynd ar eu gwyliau a dyma hi'n ffonio Meirionnydd i ofyn fasa gan Modryb a Dewyrth ddiddordeb mewn cael gwyliau bach yn y ddinas – a gwarchod y mastiff? "Na fasa," meddai Dewyrth yn swta ond yn bendant. Mynd wnaeth Modryb. Drannoeth ar ôl iddi gyrraedd, dyma hi'n ffonio adre.

"Mae'r ci wedi marw, be wna' i?"

"Oes na raw yna?"

"Nagoes. Does na ddim gardd chwaith. Mewn fflat maen nhw'n byw."

"Ddo'i lawr efo trên bora fory. Ddô'i â chês mawr efo fi."

Aeth Dewyrth o gwmpas y pentre i gael benthyg y cês mwyaf oedd ar gael. Trên i Euston, trenau tanddaear wedyn, strydoedd, grisiau i fyny i'r fflat. Llwytho'r mastiff i mewn i'r cês a hwnnw'n methu cau.

"Ista arno fo."

Modryb yn eistedd ar y cês i Dewyrth gau'r cliciedi a'r strapiau. Cario wedyn. A thuchan. Lawr y grisiau. Ar hyd y strydoedd. Dan ddaear. Mwy o risiau. Platfform ...

"Brysia! Mae 'na drên ..."

Rhedeg ar draws y platfform a'r trên yn hel i gychwyn. Samariad wrth ddrws y trên yn dal ei fraich i nadu i'r drysau gau. Plygu i godi'r cês ar y trên ... Llygadau'r Samariad yn popio – be ar y ddaear sydd yn y cês? Y trên yn llawn, felly lle i sefyll oedd yno yn unig. Y Samariad, y cês, Dewyrth a Modryb yn sefyll wrth y drws yn wynebu allan. Cyrraedd yr orsaf nesa ... drysau'n agor, teithwyr yn gadael, teithwyr yn dod i mewn, drysau'n cau ... a'r rhes yna yn dal i sefyll wrth y drws. Felly am chwe gorsaf. Yna ... drysau'n agor, teithwyr yn gadael, teithwyr yn dod i mewn, drysau'n cau... ond jest cyn iddyn nhw gau, dyma braich chwith y Samariad allan i'w hailagor nhw. Efo'i law dde, mi gododd y cês a rhoi naid ar y platfform a dechrau rhedeg ...

Caeodd y drysau. Welodd Dewyrth na Modryb mo'r Samariad, y cês na'r mastiff ar ôl hynny...'

Straeon fel 'na oedd ganddo fo. Yn cosi ac yn crafu. Mi fyddai'n chwerthin nes y byddai'n gwichian weithiau; dro arall yn brathu'i dafod a dal ei ben i lawr efo deigryn yn ei lygad ac yn dweud, 'Maddeuwch imi, dan deimlad ydw i'.

Un Talwrn arbennig, oedd yr un yng Nghaffi'r Emlyn, haf 2009, ac yn recordio rhifyn dathlu arbennig o'r Talwrn gyda dau dîm gwadd wedi'u dewis ar gyfer yr achlysur. Roeddwn i yn nhîm Dic. Roedd yn wael ac mi'i collon ni o yr Awst hwnnw. Ond pan ddaeth ei dro, sythodd Dic ei gefn, codi at y meic a datgan ei gywydd gyda'r un graen ag oedd ganddo erioed ar lwyfan y rhaglen. Hen gymar i Gerallt ar y Talwrn, wrth gwrs, a chyfaill o'r un anian – collodd Gerallt dipyn o flas ar waith y rhaglen wedi iddyn nhw dynnu Dic oddi arni. Rhoddodd y gorau iddi'n llwyr yn fuan ar ôl marw Dic. Wedi'r recordio, aethom drwodd i'r 'stafell arall' yn y caffi. Eisteddai Dic yn ei blyg, braidd. Ymhen hir a hwyr, daeth Gerallt drwodd ac aeth ar ei union at Dic a gafael yn ei law. Ni fu gair rhyngddyn nhw bryd hynny. Deallodd pawb fod hwn yn gyfarfod arbennig. Ciliodd y gweddill ohonom yn ôl i'r stafell gyntaf. Dim ond wedyn, yn ei gywydd coffa i Dic, y cawsom ryw awgrym o'r hyn fu rhyngddynt.

Gerallt, y bardd a'i safonau uchel; y Meuryn hwyliog a llawn o wres y galon; y beirniad hawddgar oedd hefyd yn medru colli'i amynedd; y dyn a ddaeth yn ffrind. Dim ond 'gafael yn llaw'r atgofion' allwn ninnau.

Gwyddwn, cyn ei gyhoeddi,
ddyfod o'r awr, dy awr di,
awr dy fynd ar hyd fy ael,
cyfaill yn llacio'i afael
yng nglas y machlud iasoer,
yr holl le'n wag a'r llaw'n oer.

*Rhan o gywydd Gerallt i
Dic Jones, ei gyfaill oes.*

GERALLT, Y MENTOR CRAFF

"Mi glywais i sawl un yn sôn dros y blynyddoedd am gefnogaeth nodedig Gerallt i brentisiaid barddas; profi hefyd ei feirniadaeth haeddiannol, oedd bob amser yn adeiladol. Roeddem yn ei chyfri'n gompliment o'r mwyaf pan ddechreuodd fod yn llymach ei feirniadaeth oherwydd ein bod yn gwybod ei fod yn ein gweld yn datblygu ac yn barod i symud ymlaen a mireinio'n crefft ymhellach."

ANNES GLYNN

"Roedd Gerallt yn eithriadol o ofalus o dalyrnwyr newydd a dibrofiad. Bob tro, byddai'n chwilio am rywbeth calonogol i'w ddweud gan awgrymu ambell ffordd o gryfhau rhai llinellau ac annog dyfalbarhad. Gallai faddau ambell fai gan yr ifanc. Dôi atoch cyn recordio i dynnu sylw at ryw air neu ryw lithriad gan gynnig ambell dwll dianc. Roeddwn i wedi diystyru un gytsain mewn rhes o gyfatebiaeth un tro – ymryson ar y pryd yn y Babell Lên oedd hynny, felly doedd dim modd iddo ragweld na rhagrybuddio. Wrth feirniadu, aeth Gerallt i drafferth mawr i chwilio am ryw liw o gynghanedd yn fy llinell wallus, gan basio yn y diwedd mai 'math ar Draws Fantach gyda'r acennu 'chydig yn gynnil' oedd hi!"

MYRDDIN AP DAFYDD

"Yng nghanol y 90au a minnau'n fam ifanc heb fawr o brofiad yn y byd barddoni, camu'n ansicr iawn oedd fy hanes, ond roedd anogaeth Gerallt yn rhoi hwb i barhau. Rwy'n dal i gredu ei fod yn fentor craff yn ogystal â bod yn Feuryn craff, a'r marciau caredig fel rhyw ganllaw i roi sicrwydd i rywun. Unwaith y byddwn wedi danfon telyneg i mewn, byddwn yn aml yn poeni ei fod am sylweddoli'r tro hwn nad oeddwn i'n fardd o gwbl – ond ddigwyddodd hynny ddim."

HAF LLEWELYN

Diolch, Gerallt

Hwn yw eilun tafoli – hwn yw'r llais,
hwn yw'r llun mewn cerddi,
hwn yw iaith ein cenedl ni,
y Meuryn a Chilmeri.

GERAINT ROBERTS

MARI GEORGE

(Awyr Iach, Aberhafren)

Roedd fy nhalwrn cyntaf erioed yn Nhŷ Tawe, Abertawe, yn 1991. Roeddwn wedi bod yn mynychu gwersi cynganeddu Rhys Dafis a chafodd y syniad o ffurfio tîm o'r enw Awyr Iach allan o griw bach ohonon ni: Efa Gruffudd, Nudd Lewis, Catrin Manel, Carys Hall Evans a fi. Ysgrifennais fy nhelyneg gyntaf, 'Lludw', ac i ffwrdd â ni i Abertawe heb ddeall yn iawn beth oedd o'n blaenau ni. Y tro cynta' i fi weld Gerallt Lloyd Owen, rhyfeddais at ba mor fychan oedd e. Cyfarchodd e ni fel tîm newydd, ond doedd dim un ohonom yn gwybod beth i'w ddweud wrth y gŵr chwedlonol hwn. Hwn oedd Y Gerallt Lloyd Owen. Cofiais am y posteri 'Etifeddiaeth' a 'Cilmeri' oedd ar waliau'r dosbarth Cymraeg slawer dydd a theimlwn yn fach iawn. Lot llai o faint na Gerallt. Roeddem yn wynebu tîm o Abertawe a chefais fy syfrdanu o gerdded i mewn a deall fy mod yn wynebu fy hen ewythr, brawd fy nhad-cu, sef Gwilym Herber. Roeddwn heb ei weld ers sbel a doeddwn i ddim yn sylweddoli ei fod yn dal i dalyrna. Roedd y ddau ohonom yn erbyn ein gilydd

Y Meuryn a thîm Aberhafren, pencampwyr 2011 a 2013: Ceri Wyn Jones, Owain Rhys, Mari George, Llion Pryderi Roberts, Rhys Iorwerth ac Aron Pritchard.

ar y delyneg a Gerallt, wrth gwrs, yn gwybod dim ein bod yn perthyn. Yn rhyfedd iawn, cafodd y ddau ohonom ddeg marc ganddo. Roedd Gerallt yn garedig iawn â thalyrnwyr newydd, ond heb fod yn nawddoglyd. Bu anogaeth Rhys Dafis a'r hwb i'r hyder gan Gerallt yn werth y byd i mi ar y cychwyn cyntaf.

Yn 2007 cyrhaeddodd fy nhîm presennol, Aberhafren, y chwarteri. Roeddem ar dân i gael cyrraedd y pedwar olaf am y tro cyntaf! Ond yr her oedd wynebu'r tîm hynod dalentog ac enwog, Bro Ddyfi: Tegwyn P. Jones, Hedd Bleddyn, Ann Fychan, Gwilym Fychan a Dafydd Wyn Jones. Buom wrthi fel lladd nadroedd yn paratoi: e-bostio, cwrdd, ailddrafftio a rhyw hanner feirniadu gwaith ein gilydd yn boléit. Roedd ceisio cael y stwff i fyny i'r safon yn waith caled. Ond rhywsut fe lwyddon ni i ennill y rownd. Roedden ni wedi gwirioni! Recordiwyd y rhaglen yn Llangrannog a gan fod Gwyn, y gŵr, a fi yn aros yno dyma berswadio gweddill y tîm i aros am ychydig i ddathlu. Roedd hi'n ddyddiau cymharol gynnar yn hanes y tîm a doedden ni ddim wir yn adnabod ein gilydd cystal â hynny. Ac roedd hi'n noson braf.

Dair awr yn ddiweddarach, roedd Mike, perchennog y Pentre Arms, yn canu'r gloch ar gyfer stop-tap a Llion (oedd yn gyrru'r criw 'nôl i Gaerdydd) yn edrych yn flinedig iawn wrth ysgwyd ei allweddi. 'Awn ni, hogia?' Cododd y bois a gadael Gwyn a fi yn eistedd yn ffenest enwog y dafarn yn syllu ar ddau fwrdd crwn yn orlawn o wydrau gwag a sawl stori yn ein pennau. Wn i ddim faint o'r gloch gyrhaeddon nhw 'nôl i Gaerdydd; mae'n debyg bod sawl stop wedi bod ar hyd y daith. Ond bu hi'n noson allweddol: dyna'r noson y daethon ni i adnabod ein gilydd yn well. Ac os oeddem yn bryderus ynglŷn â bod yn hollol onest â'n gilydd am ein tasgau o'r blaen, wedi torri'r garw yn Llangrannog, roeddem yn greulon o feirniadol o hynny ymlaen. Cawsom gyfle i ddatblygu fel tîm ac fel beirdd ac rwy'n ddiolchgar am hynny hyd heddiw. Hir oes i'r trysor cenedlaethol hwn.

ANN FYCHAN
(Bro Ddyfi)

Yn ystod ein cyfnod ni, tîm Bro Ddyfi, o'r dechrau tan 2010 buom yn teithio i bob cyfeiriad yng Nghymru, a chael croeso twymgalon ynghyd â'r baned hollbwysig ym mhobman. Pleser oedd teithio i gyd gyda'n gilydd yn y bws mini gwyn, a Megan, gwraig Ithel ac Eurwen, gwraig Dafydd Wyn yn rhan o'r cwmni hwyliog ac yn cadw trefn arnon ni. Oedd, roedd yn bleser teithio i bobman, hyd yn oed i Bontarfynach a Glyn Ceiriog a chael ein dal yn yr eira! Ond roedd i dalyrnau yng Ngheredigion le arbennig yn ein calonnau. Cawsom hwyl yno, do, gyda llawer o dynnu coes a chellwair dros y blynyddoedd. Yn anffodus, mae amryw o'r hen gymeriadau cellweirus wedi'n gadael erbyn hyn – Emyr Oernant a'i ddrudwns diarhebol, Dai Rees Davies â'i hiwmor bachog, Ifor Owen Evans â'i lais melfedaidd yn adrodd ei benillion telyn, a'i hiwmor unigryw yn rhoi cnoc i chi'r funud nesaf! Yn amlach na pheidio, byddai llond bws o gefnogwyr brwdfrydig a selog Ceredigion yn teithio o dalwrn i dalwrn gan ychwanegu at awyrgylch gwresog pob achlysur. Ar ben hynny byddai sylwadau dilornus y naill dîm at y llall yn rhan o'r hwyl!

Roedd 'na baratoi brwd fel tîm cyn pob Talwrn hefyd. Roeddem wedi cyfarfod un noson i drafod, dethol a chymoni ein gwaith ac roedd Gwilym Fychan mewn ychydig o ofid – nid oedd ganddo linell glo deilwng i'w englyn. 'Galwad ffôn am blymar' oedd y testun, ac ar ôl iddo ddarllen y tair llinell gyntaf bu tawelwch am sbel:

Ephraim, Ephraim, wyt ti'n effro? – Gwilym
Sy'n galw, rwy'n nofio
Rownd a rownd efo'r biwrô,
… ?

Pawb â'u pennau i lawr yn meddwl, a dyna Dafydd Wyn yn dechrau gwenu, ac yna'r gwenu yn prysur droi'n chwerthin. Roedd yn amlwg ei fod wedi cael llinell, a honno'n ei diclo. 'Arglwydd, rwy'n dechre gyrglo!' oedd hi, ac wrth inni'i gyd ddechrau dychmygu Gwilym yn mynd rownd efo'r biwrô ac yn gyrglo fe aethom i gyd i chwerthin! Doedd Dafydd Wyn ddim yn un am ryw chwerthin 'ha-ha' mawr, ond mae'n rhaid bod y llun yn ei ben wedi achosi difyrrwch iddo'r noson honno!

Tim Bro Ddyfi yn cystadlu yn Ffeinal 1985. Cawsant eu curo gan dîm Penrhosgarnedd! Gwyn Williams (Cynhyrchydd), Gerallt Lloyd Owen, Hedd Bleddyn, Ann Fychan, Ithel Rowlands, Meirwen Hughes, Gwilym Fychan, Dafydd Wyn Jones ac R. Alun Evans (BBC).

> *Llawn digon i farddoniaeth yw hyd a lled cwpled caeth.*
>
> **LLION JONES**

AR YSGWYDDAU CEWRI

ANNES GLYNN

'Mae'r BBC wedi cysylltu, ac maen nhw'n awyddus inni ffurfio tîm ar gyfer y Talwrn!' Rhyw flwyddyn a hanner ers imi ddechrau mynychu dosbarth cynganeddu dan arweiniad Karen Owen y daeth y cyhoeddiad annisgwyl hwn ganddi.

Anghrediniaeth syfrdan oedd ymateb cyffredinol cyntaf y dosbarth, ond wedyn ar ôl trafod gyda'n hathrawes a hithau, fel bob amser, yn frwd ei hanogaeth, ac yn hyderus y buasem yn medru dod i ben â hi, dyma benderfynu mentro. Penderfynwyd mai 'Yr Howgets' fyddai enw'r tîm, gan mai yng Nghanolfan y Cefnfaes, Bethesda, ac yn ddiweddarach festri capel Jeriw, lle caem eistedd yn ein tro ar hen soffa gyfforddus a gyflwynwyd i'r capel gan neb llai na'r Prifardd Ieuan Wyn, yr oeddem yn cyfarfod.

Enwi'r tîm oedd yr orchwyl hawsaf. Tybed a fuasem wedi mentro plymio i ddyfnderoedd pwll barddas cystadleuol mor fuan yn ein hanes pe baem ni'n gwybod ar y pryd pwy fyddai ein gwrthwynebwyr ar noson ein *début*? Neb llai nag un o dimau mwyaf llwyddiannus y Talwrn yn ystod y blynyddoedd diweddar, sef y Tir Mawr! Gyda'r geiriau 'ffyliaid' ac 'angylion' yn adenydd yn fy mhen y mentrais i a'r tîm nerfus dros riniog gwesty'r Marine, Cricieth, ar gyfer yr ornest. Roedd honno, fel roedd hi'n digwydd, yn cael ei recordio fel rhan o Ŵyl Gynganeddu Tŷ Newydd (o annwyl goffadwriaeth). Dim pwysau felly!

Mae dau beth neilltuol wedi aros yn y cof o'r noson arbennig honno yn 2005. Ateb y llinell ar y pryd yn gyntaf: y tir tywyll hwnnw rhwng tasg y Gân Ysgafn a'r Delyneg sydd wedi profi'n gors draflyncus i dalyrnwyr ers cyn cof! Roeddem wedi bod wrthi'n ymarfer ers rhyw bythefnos go dda a ninnau'n teimlo'n gymharol hyderus ar ôl gweithredu ar sawl tip gan ein hathrawes brofiadol. Ond och! Pan ddaeth yr awr, fe'n taflwyd oddi ar ein hechel yn llwyr am fod Gerallt wedi penderfynu bod yn glên efo ni, newydd-ddyfodiaid, gan ofyn inni lunio llinell unigol yn cynnwys gair penodol yn hytrach nag ateb llinell yn ôl yr arfer! Ar ôl peth chwysu a chwalu, a golwg arnom fel pe baem wedi ein dal ar lôn dywyll yng ngolau llachar un o lorïau Mansel, dyma Elinor Gwynn, enillydd Coron y Genedlaethol ymhen rhai blynyddoedd wedyn, yn achub y dydd. 'Iawn' oedd y gair ddewisodd Gerallt; llinell Elinor oedd: 'Buan iawn daw Mai'n llawnach.' Mi gofia' i'r llinell honno hyd byth! Yr ail beth na wnaf fyth ei anghofio chwaith oedd caredigrwydd ac anogaeth Gerallt ar y noson, heb iddo fod yn nawddoglyd o gwbl. Y canlyniad oedd inni ddod yn ail agos i'r cewri efo 80 a hanner o farciau!

Yn wir, aeth yr Howgets cyn belled â'r rownd gynderfynol ymhen pedair blynedd ar ôl y daith gyntaf honno i Gricieth! Bu'n rhaid inni deithio cryn dipyn ymhellach y tro hwnnw, i Lanfihangel-ar-arth, gan oedi yn nhafarn y Glanrafon yn Nhalgarreg am damaid i'w fwyta a llymaid bach o rywbeth cryfach na the i ennyn hyder. Cafodd yr hyder simsan hwnnw hwb bach pan wnaethom ni sylwi, wrth droi'n ôl am y car, fod Y Bwthyn, cartref Dewi Emrys a'i ferch am rai blynyddoedd, yn union dros y ffordd i'r dafarn! Ond dod i ben wnaeth ein teithio byd barddas y flwyddyn honno gan inni gael ein trechu, mewn cystadleuaeth glòs, gan dîm Aberhafren a gollodd yn eu tro i'r hen gewri, y Tir Mawr!

Profiad arall i'w drysori yr un flwyddyn fu cymryd rhan mewn Talwrn arbennig rhwng y Merched a'r Dynion yng Nghaffi'r Emlyn, Tan-y-groes, i ddathlu pen-blwydd y rhaglen yn dri deg oed. Dyma'r tro olaf imi weld yr un a fu'n gydymaith clòs i Gerallt ar y Talwrn am flynyddoedd lawer, y Prifardd Dic Jones. Roedd sôn ar y noson nad oedd yn holliach ond ei fod yn benderfynol o gymryd rhan ac, yn wir, o wrando arno'n perfformio fuasech chi byth wedi proffwydo y byddai wedi ein gadael ymhen tri mis. Byddai Gerallt yn ymddeol fel Meuryn ymhen dwy flynedd wedi hynny.

Ond efallai mai un o'r talyrnau y mwynheais gymryd rhan ynddo fwyaf erioed oedd un Y Ferch Greadigol a gynhaliwyd fis Hydref 2012 yng Nghaffi'r Blue Sky, Bangor, fel rhan o Gynhadledd Y Ferch Greadigol a drefnwyd gan Brifysgol

Pump o'r merched creadigol a ddisgleiriodd mewn talwrn arbennig ym Mangor, Hydref 2012: Catrin Haf Jones, Nicci Beech, Annes Glynn, Mari George a Gwennan Evans.

Bangor. Tri thîm o ferched a'r Meuryn 'newydd' erbyn hynny, Ceri Wyn Jones, yn llywio'r noson yn ei ffordd ddeheuig ei hun. Yn wahanol i'r arfer, Talwrn nos Sadwrn oedd hwn a'r awyrgylch yn y Blue Sky yn gartrefol, ymlaciol, fel arfer. Ond roedd rhywbeth ychwanegol hefyd. Llai o deimlad o gystadlu caled rhywsut, awyrgylch gefnogol, anogol. Wn i ddim ai'r ffaith mai merched yn unig oedd yn cymryd rhan oedd i gyfri am hynny (mae hynny'n destun ysgrif arall!) ynteu'r ffaith nad oedd pwysau arnom i drio cyrraedd unrhyw ffeinal, nad oedd dim i boeni amdano ond rhoi cyfri go lew o'n doniau barddoni amrywiol ar y noson, ac yn fwy na dim, diddanu'r gynulleidfa.

Clywais fwy nag un yn sôn eu bod yn gresynu, weithiau, fod barddoniaeth yn tueddu i gael ei hystyried yn grefft gystadleuol i raddau helaeth yng Nghymru; nad diben cyfansoddi barddoniaeth yw ennill marciau yn y pen draw, nad oes raid cyfiawnhau gwerth creu barddoniaeth drwy osod cystadleuaeth. Dichon fod hynny'n wir, ond heb gystadleuaeth y Talwrn a'r her o orfod sefyll o flaen cynulleidfa i ddarllen cerddi y bûm yn chwysu rhwng pedair wal i'w cyfansoddi, fuaswn i ddim wedi llunio cryn nifer o'm cerddi na chwaith wedi meithrin fy mymryn hyder.

Er imi gael ambell egwyl fer o gymryd rhan yn y Talwrn dros y blynyddoedd, mi gefais 'ail wynt' yn 2016 a mwynhau'r profiad gwerthfawr o ymuno efo tîm Criw'r Ship a chael modd i fyw wrth rannu profiad helaeth, a cherddi, rhai o hoelion wyth y Talwrn fel 'Pod' a Nici Beech. Ond eleni, penderfynais ddirwyn fy nyddiau talyrna i ben. Fe fûm ers tro, bellach, yn cael mwy o ddiléit yn cyfansoddi cerddi ar Twitter gan fwynhau'r her o ymateb i ddigwyddiadau'r dydd, ar y diwrnod os medra' i, yn hytrach nag i destun penodol dros gyfnod o wythnosau. Pleser hefyd yw derbyn ambell gomisiwn barddonol difyr.

Mae un rheswm sylfaenol arall dros ffarwelio â'r Talwrn, er hynny, sef fy mod yn ei chael hi'n gynyddol anodd gwneud pethau'n gyhoeddus fel unigolyn ers rhyw ddwy flynedd bellach. (Nid fod hynny wedi dod yn rhwydd imi erioed.) Erbyn hyn, rwy'n llawer mwy cyfforddus yn aelod o gynulleidfa yn hytrach nag yn sefyll o'i blaen! Ond diolch am y fraint a'r profiad o gael bod yn rhan o'r Talwrn am gyfnod o ryw ddeuddeg mlynedd i gyd. Diolch am fod wedi cael gwrando ar Gerallt yn darllen fy nhipyn cerddi efo hiraeth cenedl yn ei lais, am gael profi cymdeithas gynnes y Talwrn 'di-ddwrn' chwedl yntau – heb anghofio'r sgrams blasus a gafwyd ar y daith!

Fe allwn ni ddadlau – ac mae sawl un wedi gwneud hynny'n huawdl o dro i dro – ynghylch fformat cymharol ddigyfnewid y Talwrn, y diffyg cydbwysedd rhwng nifer y merched a'r dynion fu'n cymryd rhan dros y blynyddoedd, ambell jôc fwy di-chwaeth na'i gilydd mewn cerdd neu gân, a hynny ar draul merched yn aml. Ond y gwir amdani yw y byddai'r 'sin' farddoniaeth yng Nghymru gryn dipyn tlotach hebddo; ni fyddai corff sylweddol o gerddi erioed wedi gweld golau dydd. O edrych yn ôl dros y deugain mlynedd diwethaf yn hanes y rhaglen cofiwn ein bod, wrth sefyll i ganu, yn gwneud hynny – ac wedi gwneud hynny yn f'achos i – ar ysgwyddau cewri.

BWYDO'R BEIRDD

> Rhan arall o recordio'r Talwrn ydi'r wledd ar y diwedd. Yma mae croeso ardal i'w brofi ar ei orau. Yn aml, roedd yna luniaeth dau gwrs, os nad tri, teilwng o fawl Lewys Glyn Cothi yn yr Oesoedd Canol.

MYRDDIN AP DAFYDD

> Un o fanteision mawr y system wahodd a'r croeso twymgalon rydym ni mor ffodus o'i dderbyn yw'r bwyd! Does dim recordiad o'r Talwrn yn gyflawn heb sgwrs dros baned a brechdan wrth longyfarch buddugwyr neu gega am gam, cyn ei bwrw hi am adre. I'r timau, mae'r bwffê yn rhan mor bwysig o drefn y Talwrn â'r farddoniaeth ei hun, a bydd cryn drafod ar safon y brechdanau samwn a maint y crîm horns! Yn wir, bu gan y criw sain 'Top 10 Bara Brith' gorau'r wlad ar un cyfnod, ond byddai'n well i mi beidio â datgelu manylion y siart honno, rhag ofn pechu! Mae'r bwydo'n rhan o'r traddodiad a'r achlysur – yn ddefod mor ofnadwy o Gymreig. Er, nid fi oedd yr unig un o gwmpas un bwrdd bwyd oedd wrth ei fodd yn gwylio llygaid Gerallt yn lledaenu wrth weld couscous ymhlith yr offrymau am y tro cyntaf!

DWYNWEN MORGAN

> Byddai'r hwyl bob amser yn parhau yn y wledd wedi'r recordio. Cofia Tegwyn P. Jones, oedd yn rhan o'n tîm ni, Bro Ddyfi, i Hedd Bleddyn lwytho'i blât un tro, ac un o'r gweinyddesau yn ei ddwyn oddi arno gan ddatgan bod tîm Bro Ddyfi yn rhy ddigywilydd o'r hanner! Rwy'n meddwl iddo'i gael yn ôl!

ANN FYCHAN

"Daeth yn dipyn o chwedl mai yn festri Hermon, Cynwyl Elfed, y ceid y wledd post-talwrn orau yn ôl y beirdd."

CERI WYN JONES

Pan oeddwn mewn Talwrn yn Hermon
yng nghanol llond cegin o feirddion,
        y llinell rwy'n gofio
        yw lein y wraig honno
a ddwedodd, 'Dewch 'mla'n, bytwch ddigon'.

DEWI PWS
(Crannog)

HUW MEIRION EDWARDS

(Pantycelyn, Y Cŵps)

Ym mha wlad arall fyddai pedwar llond car o feirdd, o ffermwyr i athrawon i werthwyr olew, yn teithio milltiroedd maith gefn trymedd gaea i 'sefyll ei gilydd' mewn festri neu dafarn neu neuadd bentre, cyn cyrraedd adre am hanner nos wedi cael cam neu'n camu 'mlaen i ailadrodd y gamp?

Pantycelyn oedd fy nhîm cynta i, yn gyw darlithydd fawr hŷn na'r myfyrwyr oedd yn gyd-aelodau imi – Lisa Tiplady, Tudur Hallam a Geraint Williams (sydd bellach yn gyd-aelod yn nhîm y Cŵps). Un o'n profiadau cynta oedd rhyw fath o Olympiad talyrnaidd na welwyd ei debyg byth wedyn, oedd yn rhan o'r Ffair Eiriau fawr a gynhaliwyd yn Aberystwyth tua 1994. Roedd llond neuadd o dimau wrthi, a phwy oedd yng nghynulleidfa ein talwrn bach ni yn Lolfa Fach Pantycelyn, a Dic Jones, Bardd y Gwanwyn yn meurynna, ond y bardd Americanaidd Allen Ginsberg. Roedd Bardd y Beat yn rhyfeddu at y fath fwrlwm o ddiwylliant, er iddo syrthio i gysgu cyn y diwedd!

Yn fuan wedyn roedden ni'n recordio'r Talwrn i lawr yn Llangeitho. Wrth inni chwilio am y neuadd, a Tudur â'i gitâr ar ei gefn (cyn i ganu ar y Talwrn ddod yn ffasiynol), dyma lais o rywle: 'What's the gig, mate?' Roedd Gerallt, a Dic, oedd wrth ei ochr ym mhob recordiad bryd hynny, yn gwerthfawrogi'r smaldod. Bu sawl 'gig' mewn sawl neuadd ers hynny, ond wrth ddathlu'r deugain dyma ni yn sownd yn ein cartrefi yn recordio'n tasgau ar WhatsApp, a minnau'n cystadlu â chadair wichlyd a sŵn trên gwag yn y pellter. Ond buan y bydd y Talwrn yn ôl ar y ffordd a chawn eto, a dyfynnu cywydd marwnad mawr Gerallt i'w gyfaill o brifardd, 'hwyl laweroedd yn clera'.

Huw Meirion Edwards yn cystadlu gyda thîm y Cŵps.

46

ARON PRITCHARD
(Llandysul, Aberhafren)

Yn rhyfedd ddigon, rwy'n dal i gofio fy Nhalwrn cyntaf oll, yn 1999! Bachgen ysgol 17 oed oeddwn i, a Gerallt yn meddwl tybed ai fi oedd bardd ifancaf y Talwrn, ar y pryd! Ro'dd aelodau o Ysgol Farddol Caerfyrddin wedi gofyn i fi ymuno â thîm Llandysul (digon agos i Gynwyl Elfed, am wn i!) a dyma dderbyn y gwahoddiad â chyffro brwd yn gymysg ag ofn ym mhair yr emosiynau. I Langadog amdani, i herio tîm y Taeogion (sôn am fwrw rhywun i'r dwfn!). Ro'dd Dic yn dal i eiste ar bwys Gerallt yr adeg honno ac o gof, geiriau cynta Dic wedi'r gerddoriaeth agoriadol eiconig oedd 'yn Llangadog mae'r Taeogion a Llandysul yn ymryson...!' Ta beth, fedra i ddim cofio beth oedd fy nghyfraniad innau ar y noson, ond mae'r ddau gwpled yn dal i fod yn glir yn y meddwl. Cwpled caeth yn cynnwys y gair 'neb' oedd y dasg. Dyma oedd ymgais fy hen gyfaill annwyl, y diweddar Alun Saron, fyddai'n rhoi lifft i fi wrth yrru trwy Gynwyl Elfed ar ei ffordd i'r Ysgol Farddol:

> Er tario'r hewl i Horeb,
> arni hi does nemor neb!

Dyma oedd ymgais y Taeogion:

> Yn y byd, os neb ydwyf,
> ar fy nhomen, unben wyf.

Awdur y cwpled hwnnw oedd y Prifardd ifanc fyddai'n Feuryn ar y Talwrn ymhen tair blynedd ar ddeg!

> *Y nod i bobl fel ni*
> *yw cyrraedd safon Ceri.*
>
> **Y GLÊR**

Y GLÊR YN Y GLORIAN

EURIG SALISBURY

Does gen i ddim cof pryd yn union y ces i'r nòd gan Gerallt am y tro cyntaf, dim ond ei fod rywbryd yn y ganrif ddiwethaf. Ro'n i wedi cymryd rhan mewn un ornest o'r Talwrn o leiaf cyn hynny, mewn tafarn yn Llandeilo, pan ddewiswyd cywydd gan Mererid Hopwood yn lle fy ymgais dila i, er mawr siom imi! Bu'n rhaid imi fodloni ar ddarllen fy rhyfelgri lawn mor dila – doedd neb arall yn y tîm wedi rhoi siot ar y dasg honno – a chael boddhad mawr, er hynny, pan sylwodd Gerallt ar y gyfeiriadaeth ynddi at frain yr hengerdd. Ro'n i yn y chweched ar y pryd, ac roedd awdlau gwaedlyd Aneirin wedi mynd â'm bryd. Eto i gyd, tasg ragarweiniol, ddifarciau oedd y rhyfelgri, tamaid i aros pryd, a bu'n rhaid aros ychydig eto cyn rhoi fy ngwaith yng nghlorian farciau arswydus y Meuryn.

Ond doedd dim rhaid poeni, mewn gwirionedd, oherwydd yn fuan wedyn, mewn gornest yng Nghanolfan Dylan Thomas yn Abertawe, fe gamais at y meic i ddarllen cywydd a chael, rywsut, ddeg marc amdano! Ro'n i ar ben fy nigon, wrth gwrs, er 'mod i'r noson honno, hyd yn oed, yn amau'n ddistaw bach nad oedd fy ngherdd gynganeddol gywir ond go ryddieithol yn llawn haeddu'r deg marc. Eto i gyd, rwy'n ddiolchgar iawn fod Gerallt wedi gweld yn dda i roi i gyw bardd groeso mor gynnes i fyd y Talwrn. Ro'n i wedi cael fy ffics cyntaf, ac mae'r ysfa i brofi mwy o'r un peth yr un mor gryf dros ugain mlynedd yn ddiweddarach.

A sôn am Mererid, rhaid imi ddiolch yr un mor galonnog iddi hi, i dîm y Sgwad ac i weddill aelodau Ysgol Farddol Caerfyrddin am roi imi'r cyfle a'r anogaeth yn ifanc i fwrw iddi fel talyrnwr. I ffwrdd â fi wedyn i'r coleg yn Aberystwyth, lle des i'n aelod o dîm gyda Hywel Griffiths ac Aron Pritchard a chanddo un o'r enwau mwyaf hirwyntog yn hanes y Talwrn, un a ferwinodd glust Gerallt ei

Hywel Griffiths ac Eurig Salisbury o dim y Glêr yn disgwyl eu tro yn Ffeinal 2014.

hun mewn dim o dro ac a fyddai'n amhosib ei ddefnyddio, drwy drugaredd, erbyn heddiw – Prydyddion Prifysgol Cymru Aberystwyth. Daeth cyfle'n fuan wedyn i greu tîm newydd, a rhoi arno enw fu'n troi yn fy meddwl ers dechrau astudio barddoniaeth yr Oesoedd Canol yn Adran y Gymraeg – y Glêr. Ar un ystyr, mae'n enw hunanddirmygus – *glêr y dom*, meddai Guto'r Glyn am feirdd a ganai gerddi ysgafn, *bwngleriaid ŷnt* – ond mae hefyd yn derm cyffredinol am feirdd crwydrol, ac mae hynny, wedi'r cyfan, yn cyd-fynd â natur grwydrol y Talwrn ac â'i apêl oesol, sef ei gyfuniad hapus o'r digri a'r dwys.

Ro'n i a Hywel yn awyddus i barhau i dalyrna, ond roedd angen dau aelod arall, a fuon ni ddim yn chwilio'n hir cyn dod o hyd iddyn nhw yn rhengoedd myfyrwyr Aber. Dwi'n cofio rhoi galwad ffôn i Iwan Rhys ryw brynhawn braf, a bloeddio ail wahoddiad wedyn i Osian Rhys dros sŵn y jiwcbocs yn y Llew Du ryw noson wyllt. Mae dros bymtheng mlynedd wedi mynd heibio ers hynny, pymtheng mlynedd o gyfeillgarwch agos, o wledda mewn festrïoedd, o ganu'n gyson ac o sgrialu fwy nag unwaith i gael pob dim yn barod mewn pryd. Un o'r pethau dwi'n fwyaf balch ohono yw bod y Glêr, ar ôl blynyddoedd o guro ar y drws, wedi llwyddo i ennill y Talwrn ddwywaith – hyd yma, o leiaf!

Dylwn nodi mai dan feuryniaeth Ceri Wyn y bu hynny. Er cyrraedd y rownd gynderfynol o leiaf unwaith yng nghyfnod Gerallt, roedd cyrraedd y brig yn dalcen caled iawn. Ar ôl noson y deg hael iawn hwnnw yn Abertawe, bu Gerallt yn ddigon parod i'm tynnu i lawr nod neu ddau, yn haeddiannol ddigon, ac rwy'n ystyried hynny'n gystal arwydd o barch â'r un ganmoliaeth. Rwy'n cofio'r afiaith yn ei lais pan ddywedodd Gerallt un noson, mewn gornest yn Nhan-y-groes, ac yntau'n tafoli rhyw gerdd gen i nad oedd wedi taro'r nod yn lân – 'Ah, got him!'

Yn wir, roedd angen torri fy nghrib weithiau! Er hynny, ro'n i'n teimlo fwyfwy wrth i'r gornestau fynd heibio, ac wrth imi ddod o hyd i'm llais fel bardd, fod rhagor rhwng cerdd a cherdd ar y Talwrn. Hynny yw, roedd canu mewn ffordd arbennig yn rhwym o ddod â marciau, a chanu fel arall – mewn ffordd fwy arbrofol, efallai, neu am bethau newydd – yn llai tebygol o ddwyn ffrwyth. Ond pa syndod hynny? Wedi'r cyfan, pe bawn i fel bardd yn fy ugeiniau'n cael mawl digymysg gan Feuryn go geidwadol yn ei chwedegau, yna byddai rhywbeth reit fawr o'i le!

Er hynny i gyd, yr hyn sy'n aros i mi – ac i fois eraill y Glêr, fe wn – yw pa mor ffodus y bûm i dderbyn clod a llach y Meuryn cyhyd, a chael tyfu fel bardd yn ei sgil. Bydd ambell dalyrnwr iau na fi'n gofyn weithiau sut brofiad oedd talyrna pan oedd Gerallt yn Feuryn, ac mae'n rhyfedd meddwl fod cymaint â chwe blynedd wedi mynd heibio ers ei golli, ac nad yw pawb ar y Talwrn heddiw wedi cael rhoi ei waith yn y glorian farciau arswydus honno – nid bod dim yn llai arswydus am glorian Ceri! Elwa o dderbyn clod a llach y Meuryn, ie, ac o gael teithio Cymru benbaladr hefyd, ac yn benodol i odre Ceredigion. A'r Glêr yn dîm o Aber a wynebai'n aml o'r cychwyn dimoedd o dde'r sir, roedd yn wefr cael cyfranogi o'r gymdeithas dalyrnol gyfoethog honno â'i phencadlys yng Nghaffi'r Emlyn yn Nhan-y-groes. Roedd cael codi dyrnau barddol ar feirdd mor chwim a ffraeth a chywrain ag Emyr Oernant, Dai Rees Davies, Arwel Jones, Idris Reynolds ac, uwch pawb, Dic Jones ei hun, yn addysg o'r gorau.

Mae'r Talwrn wedi newid cryn dipyn ers hynny, ond yr un yw ei apêl. I'r Glêr, mae'n brafiach nag erioed cael bod yn rhan o'i gymuned agos, agored a chystadleuol. Ymlaen i'r rownd nesaf!

LLION PRYDERI ROBERTS
(Aberhafren)

Mae eleni ddeng mlynedd ers imi lunio modiwl israddedig sy'n
archwilio'r sîn farddol gyfoes. Er nad oes prinder o agweddau cyffrous
ym marddoniaeth y degawdau diwethaf, un nodwedd anhepgor o'r dechrau'n deg
i mi oedd rhaglen y Talwrn. Mae'r Talwrn, fel y modiwl 'Canu'r Gymru Newydd',
wedi esblygu dros y blynyddoedd, ond deil ei destunau a'i berfformiadau yn elfen
boblogaidd ac arwyddocaol o'r maes llafur. Mae'n tanio dychymyg y myfyrwyr
am ei fod yn gartrefol ac yn wahanol yr un pryd. Os yw Gerallt a Ceri yn enwau
adnabyddus o ddyddiau'r ysgol uwchradd, mae yma fôr o enwau, lleisiau ac
acenion newydd ac amrywiol i'w clywed yn ogystal. Os yw pynciau a themâu'r
cynhyrchion ar y cyfan yn bur gyfarwydd, mae'r fformat yn ddieithr ac yn ein
herio i glywed geiriau'r cerddi yn codi o wely'r ddalen wen. Mae hynny'n ei dro
yn tystio i'r ymwneud deinamig rhwng beirdd a'u cymunedau, a'r cydchwarae
diddorol rhwng confensiynau llafar a llenyddol y canrifoedd a chyfryngau
newydd y cyfnod diweddar. Ar derfyn yr ugain mlynedd gyntaf, gallai Gerallt
ymhyfrydu yng nghyfraniad y rhaglen at y nod o gyfathrebu â chynulleidfa a
lledaenu apêl barddoniaeth Gymraeg. Yn hynny o beth, mae'r Talwrn ynddo'i hun
yn feicrocosm o dueddiadau'r sin gyfoes.

Elfen arall o bwys yng ngolwg Gerallt, a Cheri yntau, yw dylanwad y Talwrn
wrth fagu dawn a hyder cystadleuwyr. Yma eto bu fy aelodaeth o dîm Aberhafren
ers sawl blwyddyn bellach yn fodd i fwrw rhagor o oleuni ar y broses o greu
a chaboli crefft, boed wrth wrando ar gynghorion y Meuryn, elwa ar drafod
cydweithredol rhwng talyrnwyr neu wrth chwilio am yr 'o' werthfawrogol honno
gerbron y meic. O'r gefnogaeth a gefais dan adain Rhys Dafis wrth ddechrau
arni i'r criw hwyliog o Aberhafreniaid sy'n cydchwysu yn eu diléit uwchben y
tasgau heddiw, mae'r profiadau yn bywiogi'r ymdriniaeth ac yn cyfoethogi fy
nealltwriaeth i a'r myfyrwyr fel ei gilydd, gobeithio.

A dyma ddychwelyd at graidd y Talwrn i mi, sef y berthynas amlhaenog rhwng beirdd a'i gilydd ac â'u cyhoedd. Gall honno fod yn adeiladol a chystadleuol, a chynnwys cryn dipyn o dynnu coes yn ogystal, a da hynny. Pan aeth tîm Aberhafren benben â'r Ffoaduriaid yn ffeinal cyfres 2016, ein gwobr oedd ffrâm gain ac ynddi luniau cartŵn o'r ddau dîm yn ymgiprys: portreadau comig (ond syndod o fyw hefyd) oedd ar unwaith yn ein hanfarwoli ac yn ein dychanu. Mewn cymuned sy'n dal i brisio geiriau ei phrydyddion mae'r gallu i ddathlu, dehongli a herio ein barddoniaeth a'n beirdd o werth anhraethol, ac mae i'r Talwrn ei briod le yn hynny oll.

Y CYTHRAUL BARDDONI

ANEIRIN KARADOG
(Tir Iarll)

Er i'r Meuryn, Gerallt Lloyd Owen, ganu am 'dalwrn ein brawdoliaeth', mae'n deg nodi fod yna gystadleuaeth iach iawn rhwng y timau. Bydd rhai beirdd yn manteisio ar eu cyfeillgarwch â beirdd o dimau eraill (neu eu *frenemies*) i bryfocio eu darpar wrthwynebwyr. A gall ffactorau eraill hefyd esgor ar fwy o 'gystadleuaeth iach' rhwng y timau (nid 'mod i'n cofio neb yn codi dyrnau yn sgil talyrna, neu gael cam gan y Meuryn, chwaith, cofiwch!). Un o'r rheini yn nyddiau Gerallt oedd tasg agoriadol y 'Rhyfelgri'. Nid oedd marciau i'w cael am y dasg honno, a dyna pam, o bosib, y'i hepgorwyd hi fel tasg yn ddiweddarach, ond roedd yn gyfle perffaith i ladd ar y gwrthwynebwyr a thynnu blewyn o drwyn ein Prifeirdd disgleiriaf, hyd yn oed!

Mae dau ffactor diweddar wedi dwysáu'r 'gystadleuaeth iach' rhwng y timau. Y cyntaf yw seremoni tynnu enwau allan o het, neu 'Y *Draw*' fel y gelwir hi, ar raglen radio Tudur Owen, sy'n digwydd bob hydref. Yr ail yw'r cyfryngau cymdeithasol. Mae Twitter, Facebook ac Instagram yn gyfrwng bellach i sawl bardd rannu eu cerddi, ond weithiau mae'r 'trydar mewn trawiadau' hwn (chwedl y Prifardd Llion Jones) nid yn unig yn llinellau cynganeddol ond yn rhai sydd hefyd yn gadael cleisiau! Trydarais i, un tro (o bosib mewn ffolineb), gan geisio tynnu blewyn o drwyn yr arth ffyrnig a elwir yn dîm Talwrn y Cŵps cyn inni fynd lan i Aberystwyth i'w hwynebu ar eu patshyn eu hunain mewn gornest rownd gynderfynol yn 2019:

> Ai enillwyr trwy dwyllo
> yw'r Cŵps, oni thwylla'r co'?

Ces ateb digon chwim gan y Prifardd Dafydd John Pritchard:

Tir Iarll a'u twrw o hyd

Ac er i mi orffen ei hanner cwpled gyda 'prawf o bencampwyr hefyd', Dafydd daflodd y *sucker punch* gyda llinell groyw, gryno nad oedd hyd yn oed angen ei chwblhau i greu cwpled gan ei bod yn dweud ei dweud yn dwt. Mae'r *banter* barddonol hwn yn rhan o ymrysona ers cyn cof i ni'r Cymry a braf yw ei weld yn parhau!

" Ar ôl gadael y coleg a mynd i weithio yng Nghaerfyrddin, ces alwad ffôn gan fardd ifanc o'r enw Tudur Dylan, yn gofyn a fyddwn i'n barod i ymuno â thîm newydd (a drodd yn gyflym iawn o fod yn Bendefigion i fod yn Daeogion, ond stori arall yw honno). Roedd Dylan eisoes yn nhîm Caerfyrddin, ac felly eisiau ffurfio tîm newydd o gyfoedion. Fodd bynnag, yr wythnos wedyn, daeth capten tîm Caerfyrddin, sef y diweddar T. Gwyn Jones, ataf yng nghoridor y Drindod yn ddig iawn fy mod i wedi meiddio dwyn Tudur Dylan oddi wrth dîm Caerfyrddin, er mwyn ffurfio tîm newydd sbon! Roedd TDJ wedi dweud stori dra gwahanol wrth ei gapten ar y pryd! "

EMYR 'Y GRAIG' DAVIES

Tri ar ôl o dîm Tir Iarll ym Mhontardawe, 2019:
Emyr Davies, Aneirin Karadog a Tudur Dylan Jones.

Y Glêr v Tir Iarll

Dyma dîm dwy a dimai:
selébs y Glêr: slabs o glai.

MERERID HOPWOOD
(Tir Iarll)

Mwynhewch, Tir Iarll, eich noson
Yng nghwmni'r beirdd sy'n sêr.
O leia' cewch fynd adref
Â llofnod beirdd y Glêr!

OSIAN RHYS JONES
(Y Glêr)

Yr Ystafell Gefn

(Yng nghyfres 2018 bu rhaid i Dros yr Aber wynebu tîm o'r enw Gwylliaid y Llew Coch yn y rownd gyntaf, a thîm o'r enw Gwylliaid Cochion y Llew yn yr ail rownd, a hynny cyn wynebu Gwylliaid y Llew Coch eto fyth yn y rownd gynderfynol wedi i'r rheini oroesi yn y gyfres fel collwyr uchaf-eu-marciau y rownd gyntaf!)

Yn rownd gynta'r Talwrn yn Neuadd Garth Garmon
fe guron ni dîm o Wylliaid Cochion.

Ond er inni ddathlu ar y pryd,
wele, mae'r diawliaid yma o hyd!

Fe ddylai fod yn drosedd crogadwy
cogio bod dau dîm Talwrn ym Mawddwy,

a honni eu bod yn sgwennu'n y Llew,
un 'rochor yma, ac un 'rochor drew.

(Ac onid twyll a thestun embaras
yw galw rhyw bentref bach yn ddinas?)

Ond fel'na y bu'r hen Wylliaid erioed:
dod mas i ymosod, cyn cuddio'n y coed,

ac ailymddangos i ymosod drachefn
heb ots am reolau a chyfraith a threfn.

Gwylliaid yw Gwylliaid yn y Llew,
man a man galw rhaw yn 'rhew'.

Os byddwn ni'n ffodus i'ch curo'r tro yma,
fe wnawn ni eich disgwyl chi eto'r tro nesa,

a byddwn yn barod am dactegau hyll:
trydydd tîm Dinas Mawddwy: Llewod Cochion y Gwyll

IWAN RHYS
(Dros yr Aber)

MAIR TOMOS IFANS

(Dolgellau, Gwylliaid Cochion y Llew, Y Llewod Cochion)

Dwi'n talyrna ers rhyw ugain mlynedd a mwy, bellach. Huw Dylan Owen a Bethan Gwanas wnaeth ein hel ni at ein gilydd – Gwerfyl Price, Nia Medi a minnau. Wnaethon ni gystadlu mewn rhyw ddwy neu dair cyfres fel tîm Dolgellau (gan mai dyna lle'r oeddem i gyd yn byw'r adeg honno – lot o ddychymyg, mae'n amlwg!), cyn i Huw Dylan Owen ei hel hi am y sowth 'ne (fel rhyw William Jones!). Dyma ein gadael mewn dipyn o dwll gan mai dim ond Gwerfyl oedd yn gallu cynganeddu. Ond mi soniodd Gwanas ei bod hi'n gwybod am ryw gòg bech ifanc o ochre Llanerfyl oedd yn gallu cynganeddu reit dda. Ac wele Arwyn Groe yn ymuno efo ni. Dwi'n cofio un rownd hynod o boenus yng Nghwm Llinau – yn nyddiau'r 'englyn ar y pryd'. Dim ond Nia Medi, Groe a minnau oedd yn gallu bod yno, os dwi'n cofio'n iawn. Bu rhaid i Groe druan lunio'r englyn wrth geisio cau cegau Nia a finnau oedd yn trio helpu trwy gynnig llinellau o'r hyn a dybiem ni oedd yn gynghanedd. Mi sylweddolais y noson honno beth oedd gwir ystyr Mwynder Maldwyn – a sut mae bod yn llorweddol dan bwysau.

Mewn gwirionedd, tydw i erioed wedi ystyried fy hun yn 'fardd' heb sôn am gystadlu yn Nhalwrn y Beirdd. Mae rhoi'r teitl 'bardd' i chi eich hun wedi fy nharo erioed yn rwbath reit ymhonnus i'w wneud. Gall llawer ohonom rigymu ac odli,

Tîm Bro Alaw yn erbyn y Gwylliaid Cochion: Mair Tomos Ifans, John Wyn Jones, Cen Williams, Iwan Wyn Parry, Gwerfyl Price, Richard Parry Jones, Huw Jones, Pryderi Jones ac Arwyn Groe.

a chynganeddu hyd yn oed, ond ai joban i'r cymunedau yr ydym yn byw ynddynt ydi penderfynu pwy yw eu beirdd yn hytrach na'n dewis ni fel unigolion? Dwi'n hapus i alw fy hun yn actor neu'n gyfarwyddwr, neu hyd yn oed yn gantor – achos 'mod i wedi derbyn hyfforddiant yn y meysydd hynny. Ond dwi ddim yn ystyried fy hun yn fardd, ddim ar hyn o bryd, beth bynnag. Rhyw ddiwrnod, falle, pan fydda i wedi cael digon o ymarfer.

Dros y blynyddoedd, fe gymerodd rhai ohonom hoe ac fe ailfedyddiwyd y tîm yn Wylliaid Dolgellau am gyfres neu ddwy. Fe ymunodd sawl un arall â'r tîm hefyd – Rhys Gwyn, Geraint 'Taid' Edwards a Meira Evans yn eu plith. Ces innau hoe am sbel hefyd, a da o beth oedd hynny. Mae'r Talwrn yn ysgogydd da iawn, yn gorfodi rhywun diog fel fi i gyfansoddi a chreu. Ond ar brydiau, mae hefyd yn caethiwo rhywun i gyfansoddi mewn un arddull yn unig ac i lunio rhywbeth i blesio'r Meuryn, falle, yn hytrach na'ch plesio chi'ch hun.

Fe agorwyd Ysgol Farddol yn y Llew Coch, Dinas Mawddwy, maes o law, gydag Arwyn Groe a Tegwyn P. Jones yn athrawon barddol. Ymunais, yn benderfynol o ddysgu cynganeddu. Roedd hynny tua chwe blynedd yn ôl a tydw i fawr callach! (Fy nhwpdra i sydd i gyfri am hynny ac nid gallu'r athrawon i ddysgu!) Mae'r ysgol honno wedi cynhyrchu sawl tîm Talwrn – a fydda'i byth yn cofio ym mha dîm y bydda i'n cystadlu! Ond mi wn fy mod yn yr un tîm â Gwerfyl a Groe. Mae llinach y tîm hwnnw a anwyd yn Nolgellau dros ugain mlynedd yn ôl yn parhau.

PHILIPPA GIBSON
(Tan-y-groes)

Mae'r Talwrn yn hollol allweddol i'm barddoni ers y dechrau. Yn fuan iawn ar ôl dechrau dysgu'r gynghanedd, ond heb unrhyw grap ar farddoni, bues i'n ddigon ffodus i fod 'yn y man iawn ar yr amser iawn' a chael gwahoddiad i ymuno â thîm Talwrn Tan-y-groes, dan gapteiniaeth Emyr Oernant – ac roedd y tasgau ar gyfer yr ornest nesaf wedi cyrraedd. Yn y tîm hwnnw, dechreuais fy mhrentisiaeth mewn barddoni: dysgu beth yw 'cân', 'telyneg', 'cwpled', 'pennill telyn', ac ati – roeddwn yn weddol sicr am limrig yn barod! Dysgais hefyd am yr hwyl sydd i'w gael mewn tîm Talwrn, ac yn y nosweithiau recordio gyda chynulleidfa i ymateb, a gwledd i ddilyn.

   Mae cael y tasgau ryw dair wythnos cyn y dyddiad cau yn sbardun hollbwysig i fi ac mae cyfarfodydd y tîm yn ysgol farddol arbennig iawn. Yn nhîm Tan-y-groes, Emyr oedd yn llywyddu. Ar ôl inni golli Emyr, nid oedd y tîm am barhau hebddo, ond unwaith eto bues yn hynod ffodus i gael gwahoddiad i ymuno â thîm Crannog, gydag Idris Reynolds yn gapten. Mae'r cyfarfodydd i drafod tasgau'r Talwrn yn weddol debyg yn y ddau dîm – er bod y personoliaethau ac felly'r naws yn wahanol iawn weithiau! Bydd pob un o'r aelodau wedi gweithio cerddi ar y tasgau sy'n apelio, a'r tîm yn ystyried pob cerdd gan roi sylwadau neu gynnig gwelliannau. Rwy'n cael hyn yn werthfawr iawn – cael cyfle i drafod cerddi pawb a chael gwelliannau i'm cerddi i. Ac eto, mae'r hwyl a'r cyfeillgarwch yn greiddiol i'r broses – boed yn cwrdd mewn caffi, tafarn, cegin neu ar Zoom.

   A'r Talwrn ei hunan wedyn! Wrth gwrs, mae'n wahanol iawn ar hyn o bryd, gan fod pob un yn recordio ei bytiau gartre, a does dim byd byw yn y broses, tra bod nosweithiau recordio arferol mewn neuadd bentref neu festri yn llawn cyffro a sbort. Ond mae'r elfen o ddysgu'n dal yn bwysig dros ben i fi. Mae cael sylwadau'r Meuryn yn beth gwerthfawr iawn, iawn – a phob hanner marc yn drymlwythog o ystyr. Heb y Talwrn, mae'n annhebyg y byddwn i'n ysgrifennu llawer.

KEN GRIFFITHS
(Tan-y-groes)

Roedd dau aelod o dîm Tan-y-groes a dau aelod o dîm Ffostrasol yn teithio i eisteddfodau bach Cymru ac yn cystadlu yn y talyrnau a gynhelid yno, gan ennill yn gyson. Un tro, pan ofynnwyd iddynt beth oedd enw y tîm, ymateb un ohonynt oedd, 'Wel, mae dau ohonom yn aelodau o Dan-y-groes, a dau ohonom yn aelodau o Ffostrasol. Felly, fe wnawn ni alw ein hunain yn dîm Tan-y-rasol'. Tua blwyddyn ar ôl hynny, roedd Tan-y-groes yn cystadlu ar y Talwrn ar y radio, ac un o'r tasgau a gawsom gan Gerallt oedd 'Limrig yn cynnwys enw od'. A dyma ein limrig ni:

> Aeth beirdd Tan-y-groes a Ffostrasol
> fel uned i ornest dalyrnol,
> ac wedi peth dadlau
> fe unwyd eu henwau,
> a'i galw yn dîm Tan-y-rasol.

JOHN OGWEN
(Penrhosgarnedd)

Roedd hi'n boeth y diwrnod hwnnw! Dydd Sadwrn, diwrnod rownd derfynol Talwrn y Beirdd. Y Babell Lên yn orlawn o bobl chwyslyd. Ro'n i wedi bod mewn sawl ffeinal ffwtbol ond 'rioed mewn ffeinal Talwrn. Roedd fy nhîm i, Penrhosgarnedd, wedi bod ddwywaith yn y ffeinal. Wedi ennill unwaith! Dyma'r timoedd yn cyrraedd y llwyfan. Cymeradwyaeth frwd. Mwynhau y foment. Y gerddoriaeth adnabyddus, ac i ffwrdd â ni. Y dasg gyntaf. Englyn yn cynnwys enw llyfr o'r Beibl. Dyma fi yn camu 'mlaen at y meic. Ac fel o'n i'n mynd i agor 'y ngheg, dyma lais Gerallt o'r tu ôl i mi ... 'O'n i'n meddwl am John neithiwr, wchi. A fel hyn o'n i'n meddwl ...'

Peth digri iawn yw berfa
Sydd isio bod yn dractor,
Peth trist yw isio bod yn fardd
A chitha ddim ond actor!

OSIAN OWEN
(Y Chwe Mil)

Roedd fy mhrofiad cyntaf o'r Talwrn yn un eithaf dramatig. Roeddwn wedi torri fy nhroed i ddechrau, ac yn dechrau arfer cerdded ar faglau (fel babi jiraff yn dysgu sut i gerdded). Roedd yr ornest yn mhentref Llangwm ym mis Ionawr, ac yn ystod yr amser hir o recordio dwy raglen, fe ddechreuodd yr eira syrthio'n drwm. Bu'n dipyn o syndod i bawb pan agorwyd drysau'r neuadd bentref wedi'r ornest a gweld trwch go dda o eira ar y ffordd. Wrth drio gadael, a Gruff Antur yn gyrru, llwyddodd rhywsut i yrru'r car ar ben carreg oedd yn fur rhwng y maes parcio a'r afon gyfagos!

> *Mae'n anodd cyfansoddi*
> *heb y siec o'r Bi Bi Si.*
>
> **JOHN GLYN JONES**

Y GREFFT O DALYRNA

GRUFFUDD OWEN

Waeth i mi gyfaddef ddim – dwi'n Dalwrnaholic. Wyddoch chi'r ffordd mae 'hogia go iawn' yn teimlo am bêl-droed? Fel'na dwi'n teimlo am y Talwrn. Dwi wedi bod yn ffan o'r gyfres ers pan oeddwn yn arddegyn bach rhyfedd yn dilyn ei fam i festrïoedd llawn hen bobl i wrando ar y gornestau'n cael eu recordio. Ond fe waethygodd yr obsesiwn pan ymunais â thîm y Ffoaduriaid yn 2010. Ar y pryd, ni oedd y tîm ifancaf ar y gyfres, ac os ydw i'n gwbl onest, y salaf hefyd! Ond o dipyn i beth, gydag anogaeth a chefnogaeth Gerallt, ac yn ddiweddarach Ceri, mi ddoth y Ffoaduriaid yn dîm gwell (neu o leiaf yn llai sâl), a ni oedd pencampwyr y gyfres yn 2016 a 2019.

Dwi'n gwybod nad ydw i'n ddiduedd, ond byddwn yn dadlau fod y Talwrn yn sefydliad diwylliannol pwysicach i farddoniaeth Gymraeg nag unrhyw gyhoeddiad, eisteddfod neu ddigwyddiad byw. Yn un peth, mae'r Talwrn yn gyfrifol am gynhyrchu cannoedd ar gannoedd o gerddi gan dros gant o feirdd bob blwyddyn. Mae'n weithgarwch llenyddol aruthrol, ac un sydd yn gwbl unigryw i Gymru.

Mae'r Talwrn hefyd wedi gadael ei ôl ar ein ffurfiau llenyddol. Cyn y Talwrn, fyddai 'run bardd yn dychmygu ysgrifennu cywydd deuddeg llinell. Byddai'n cael ei ystyried yn gywydd rhy fyr, yn wir, yn gywydd anorffenedig. Ond mae'r Talwrn wedi meithrin a phoblogeiddio'r cywydd byr fel ffurf ddilys. Mae'r cyfyngiad

Gruffudd Owen yn perfformio gyda thîm y Ffoaduriaid yn ffeinal 2015.

deuddeg llinell wedi gwneud y cywydd yn fesur ystwythach a llai rhethregol na chywyddau hirfaith y gorffennol. Dwi o'r farn bod rhai o'r cywyddau teimladwy a thelynegol a gyfansoddwyd ar gyfer y Talwrn gyda'r cerddi gorau a luniwyd yn ystod y deugain mlynedd diwethaf.

Er mai'r cywydd, y delyneg a'r englyn ydi'r tasgau sydd fwyaf tebygol o gael 10 marc a chlod a bri i dalyrnwyr, mae'r tasgau llai yn llawn mor bwysig i lwyddiant unrhyw dîm. Mae ysgrifennu pennill bachog neu gwpled gwirebol yn profi sgiliau tîm llawn cymaint ag unrhyw gywydd. Fy nghyngor i unrhyw dîm newydd fyddai rhowch sylw teilwng i bob tasg, a dydych chi fyth yn rhy dda i drio sgwennu limrig – achos mae llunio limrig gwirioneddol ddoniol yn goblyn o anodd!

Ond y wers bwysicaf ddysgodd y Talwrn i mi ydi pwysigrwydd methu. Mae pob talyrnwr gwerth ei halen wedi teimlo'r boen o orffen adrodd ei gerdd a chlywed eiliad betrus o dawelwch cyn cymeradwyaeth glaear y gynulleidfa. Honno ydi'r eiliad mae rhywun yn gwybod nad ydi'r gerdd wedi ei tharo'n lân, a hynny sydd yn gyrru rhywun i drio'n galetach y tro nesaf. Mae cynulleidfa yn gorfodi rhywun i fireinio'i grefft.

Dwi'n petruso rhag dweud unrhyw beth negyddol am y gyfres gan fod beirniadaeth ohoni yn medru dod o le go ffroenuchel. Dwi wedi clywed rhai yn dadlau, er enghraifft, nad diddanu'r werin datws gyda cherddi hygyrch mo diben 'gwir farddoniaeth'. (Gyda llaw, geith yr agwedd honno fynd i ganu.) Derbyniaf hefyd, ar ei gwaethaf, y gall y Talwrn fod yn ofod sy'n creu cerddi segur a saff, gyda'r un pynciau, safbwyntiau a hyd yn oed jôcs yn cael eu hailgylchu o flwyddyn i flwyddyn. Dwi wedi bod yn euog o'r geidwadaeth yma fy hun ac mae'n rhywbeth y dylai pob tîm a phob bardd fod yn ymwybodol ohono wrth gyfansoddi ar gyfer y rhaglen.

Mae'n deg nodi hefyd, fel bardd cynganeddol, gwyn, dosbarth canol, strêt, o'r fro Gymraeg nad ydw i erioed wedi cael fy nhangynrychioli ar y Talwrn, ac mae'r cyfartaledd rhwng lleisiau merched a dynion ar y gyfres, er ei fod yn gwella, yn dal i fod yn sobor o unochrog. Ac o edrych ar fformat y Talwrn ar hyn o bryd, rhaid dweud ei fod yn rhannu'r un broblem â threfn detholion Cwpan Rygbi'r Byd. Mae'r system ddetholion yn ei gwneud hi'n anodd ryfeddol i dimau newydd dorri trwodd. Mae'n cymryd amser i dimau newydd fagu profiad a momentwm, ac mae'n anodd cael hynny os ydyn nhw wedi eu tynghedu i golli i'r gynnau mawrion yn y rownd gyntaf bob blwyddyn. Dwi'n credu y dylid ailedrych ar y drefn hon. Yn wir, mae'n hanfodol i iechyd a dyfodol y Talwrn, a'r sin lenyddol yn ehangach, fod y gyfres yn cynnig llwyfan i leisiau newydd.

Ar ambell awr ddu, ac ar lefel bersonol, mi fydda i yn cwestiynu ai fel hyn y dylai beirdd 'go iawn' sgwennu. Onid rhywbeth gonest wedi ei lusgo o grombil y bardd ddylai cerdd fod yn hytrach na rhywbeth wedi ei sgwennu at ordor er mwyn diddanu cynulleidfa? Ond pan ddaw'r pyliau yma o amau gwerth y Talwrn, dwi'n cofio pam 'mod i'n parhau i wrando ac i gystadlu, sef bod gwrando ar gerdd dda yn brofiad gwefreiddiol. Oni bai am y gyfres, ni fyddai rhan helaeth o gerddi'r Talwrn fyth wedi cael eu hysgrifennu. Tu hwnt i'r marcio a'r gystadleuaeth rhwng timau a'r beirdd yn cwyno'u bod nhw'n cael cam, y farddoniaeth sy'n bwysig yn y pen draw. (Gyda'r tâl wedi aros yn ei unfan ers degawdau, tydan ni'n sicr ddim yn ei wneud o am y pres!)

Mae talyrna (a gwrando ar y Talwrn) wedi 'ngwneud i'n gredwr cryf ym mhwysigrwydd crefft. Nid yn unig y grefft dechnegol o fydr a chynghanedd, ond y grefft fwy annelwig o sut mae ymateb i destun mewn ffordd ddiddorol; sut i fynd a'r darllenydd ar daith; sut i ddal sylw'r gwrandäwr a gwneud cysylltiad emosiynol â'r gynulleidfa. Y ffordd orau i astudio hyn ydi drwy wrando ar feirdd a gweld beth sydd yn gweithio, a (llawn cyn bwysiced) beth sydd ddim yn gweithio. Dwi'n dallt, wrth gwrs, bod 'na feirdd gwych iawn nad ydyn nhw yn feirdd Talwrn, ac mae hynny'n beth iach. Tydi pawb ddim yn gwirioni'r un fath. Ond alla i ddim dychmygu dyfodol iach na llewyrchus i farddoniaeth Gymraeg lle *nad* ydi'r Talwrn yn rhan ganolog o'r dyfodol hwnnw. Hir oes i'r Talwrn!

Tîm Caernarfon a'r Meungn: Ifor ap Glyn, Geraint Lovgreen, Ifan Prys, Llion Jones a Ceri Wyn Jones.

GERAINT LOVGREEN
(Caernarfon)

Ar ôl ymgartrefu yng Nghaernarfon yn 1981 cefais wahoddiad i ymuno â thîm Talwrn y dref gan y capten, Robin Evans. 'Ond dwi'm yn fardd!' protestiais, cyn mentro i gyfrannu limrigau a chaneuon gwirion, a phrofi'n fuan iawn haelioni chwedlonol Gerallt tuag at newydd-ddyfodiaid a magu chydig o hunanhyder. Ac roedd y seiadau sgwennu ym mar yr Alex efo Twm Prys, Glyn Parri, T. Arfon Williams a Dafydd Huws yn addysg.

Erbyn 2002 roedd Robin wedi ailwampio'r tîm gan gyflwyno Gwyn Erfyl, Twm Morys, Llinos Angharad ac Ifor ap Glyn. Ar ddiwrnod ein ffeinal gyntaf ar Faes Eisteddfod Tyddewi gwelwyd ein capten yn rhuthro o gwmpas yn chwilio am datws i'w rhoi yn ei fochau ar gyfer *punchline* limrig oedd yn gorffen gyda'r geiriau 'tato newi!' ('Tyddewi' oedd yr odl, mae'n rhaid). Aeth gweddill y limrig yn angof, ysywaeth, ond nid felly fuddugoliaeth ysgubol y Cofis o hanner marc yn erbyn cewri'r Taeogion.

Diolch am lwyth o atgofion: dwy fuddugoliaeth arall yn 2010 a 2014; ymweliadau difyr â sawl neuadd bentref, ysgol, canolfan a thafarn ar hyd a lled y gogledd ac ambell daith i'r de; brechdanau, bara brith, cacennau a phaneidiau te amheuthun di-ri; Streic 2013; a rhuthr arall o gwmpas Maes yr Eisteddfod yng Nghaerdydd yn 2018, nid am datws y tro yma ond i recriwtio *fflashmob* i ymuno efo'r lein-yp diweddara – sef Ifor, Llion Jones, Emlyn Gomer, Ifan Prys (mab Twm, a ddechreuodd efo ni'n bymtheg oed) a fi – i gydganu cân (ar emyn-dôn 'Builth') am rostio Alun Cairns ar farbeciw.

Mae ymwneud efo'r Talwrn wedi bod yn hwyl ac yn rhan o 'mywyd bron ers dechrau'r gyfres ei hun. Ac mi ges i ambell gân i'r Enw Da yn ei sgil, fel 'Cyfraith a threfn', 'Bore Da (i Ali bach)' a '(Strictly) Noson Lawen' – *result* felly. A be wna i rŵan, ond edrych ymlaen at gyfnod pan fydd talyrna yn bosib ar hyd a lled Cymru eto!

LLŶR GWYN LEWIS
(Y Ffoaduriaid)

Mae gen i beth wmbreth o atgofion melys o gystadlu yn y Talwrn dros y blynyddoedd, a'r rhan fwyaf ohonyn nhw'n dechrau mewn ffordd go debyg, sef ei chychwyn hi o Gaerdydd yn flinedig ar ôl gwaith ar hyd yr M4, a chur yn fy mhen, i rywle ym mherfeddion y gorllewin. Cychwyn yn ddi-hwyl, yn aml, ond dod yn ôl a llond fy mhen o fwynhad a chwerthin a sgwrs a dwyster a blinder braf – a llond fy mol hefyd o de festri a danteithion rif y gwlith.

Gosodwyd y patrwm hwnnw yn ystod ein gornest gyntaf un yn 2009, dan enw tîm 'Y Waun Ddyfal', ninnau'n griw brith o stiwdants, ac yn llawer rhy fawr i'n sgidiau. Yn erbyn y Cŵps, tîm peryglus iawn, y brwydrem, a nhwythau wedi recriwtio rhyw ringar ifanc o'r enw Gruff Sol i'w plith ar gyfer yr ornest. Ychydig a wyddem ar y pryd y byddai yntau, maes o law, yn dod yn un o'n haelodau mwyaf brwd ninnau, ac y byddai'n dod yn ŵr i Gwennan. Bobl ifanc sengl Cymru, ymaelodwch â thîm Talwrn er mwyn ffeindio cymar!

Mi oedd gennyf feddwl go fawr, beryg, ohonof fy hun a'm gallu fel bardd, a buan y trwsiodd Gerallt hynny. Ond fe wnaeth hyn mewn ffordd hynod sensitif, gan ofalu peidio'n brifo ni, y cyw dalyrnwyr, yn rhy filain, a'n hannog i ddal ati a dychwelyd – er iddo sicrhau hefyd fod digon o sglein yn ei lygad a digon o'i dafod yn ei foch. Roedd gen i linell echrydus mewn un ymgais: 'Yn daer, dof, a'r byd a'r dân'. Gofynnodd Gerallt a oeddwn i'n dymuno iddo estyn am *fire extinguisher*. Dysgais yn syth, hefyd, mai annoeth, yn enwedig ar gyfres radio fel y Talwrn,

yw cloi englyn drwy gyfarch Duw fel 'Ti', efo llythyren fawr fel'na i ddynodi mai dyna pwy ydi o.

Mae un atgof o'r noson honno yr ydw i'n ei drysori yn fwy na'r un. Rhywbeth digon dinod oedd o ar y pryd, a feddyliais i ddim llawer am y peth tan yn llawer diweddarach. Roedd Gerallt yn pendilio dros ryw dasg, ac yn methu'n lân â phenderfynu pa farc i'w roi i gerdd ddigon tila o'm heiddo.

Rwy'n cofio teimlo ar y pryd mor wych oedd hi fod rhywun yn ymateb fel hyn oherwydd cynnwys englyn, prawf fod y gynulleidfa hon wir yn ystyried fod barddoniaeth yn fater digon pwysig iddyn nhw ymateb yn feirniadol. Yn y pen draw, taflodd ei gwestiwn i'r gynulleidfa: 'Wn i ddim wir. Be 'dech chi'n ei feddwl, Dic?' Ac yno ynghanol y gwrandawyr, heb i mi sylwi cyn hynny ei fod yno, roedd Dic Jones, yn pwyso'n ôl, ei ben ar ogwydd a'i freichiau ymhleth. Ystyriodd am ennyd, cyn annog Gerallt yn ddwys i roi hanner marc yn ychwanegol i mi.

Doedd o ddim yn ddigon yn y pen draw – colli o farc fu'n hanes, a dydan ni fyth wedi maddau i Gruff yn iawn am hynny – ond o edrych yn ôl rŵan, pa mor ffodus oedden ni? Bod hynny'n beth cwbl naturiol: cyrraedd festri orlawn cefn gaea' du, at groeso cynnes a the yn barod i ni tu ôl i lenni ar y llwyfan, a'r meistri hynny yn gwrando ar ein tipyn cynigion ac yn eu tafoli? Wyddem ni mo'n geni. Yr un modd rŵan hefyd, pan feddyliaf faint mae fy nghrefft wedi elwa o gael gwrandawiad cynulleidfaoedd selog, a Ceri'r Meuryn treiddgar a theg fel ei gilydd. Felly pan fydda i'n ddi-hwyl, a'r tŷ a swper a gwely cynnar yn galw'n gryfach na'r M4, am hynny y bydda i'n meddwl, ac am yr hwyl a'r tafoli a'r trafod sy o'n blaenau, ac rydw i'n mynd bob tro yn hapus braf yn y diwedd.

DAFYDD JOHN PRITCHARD
(Y Cŵps)

Dylid dweud gair bach am gynulleidfaoedd y Talwrn. Ar hyd y blynyddoedd bu aelodau'r gynulleidfa'n garedig droeon wrthyf i a nifer fawr o dalyrnwyr eraill drwy longyfarch a chanmol rhyw bennill neu'i gilydd dros baned ar y diwedd. Ond, un waith, cefais brofiad gwahanol yn Nhal-y-bont, Ceredigion. Roeddwn wedi ysgrifennu englyn am y Tsunami mawr yn Siapan a chael marc uchel gan Gerallt oedd hefyd dan deimlad. Roeddwn wedi cyfeirio at y 'Duw absennol' yn yr englyn hwnnw, a daeth rhywun ataf i ddweud fy mod ar fai yn sôn mor ffwrdd-â-hi am thema mor fawr.

Y Gwybodusion

(i gynulleidfa'r Talwrn)

Mae cynulleidfa'r Talwrn erbyn hyn
yn hen gyfarwydd ag amodau'r gân.
Trefn Gerallt oedd, nawr trefen Ceri Wyn,
i atal beirdd rhag wafflo 'mlaen, neu 'mla'n.
Cân ysgafn ydy'r dasg, nid soned dlos,
heb fod dros ugain llinell, dyna'r gwir.
Mae ambell fardd, heb enwi neb, fel Jôs,
yn creu llinellau hir, hir, hir, hir, hir,
hir, hir. Mi fydd y craffaf yn eich plith
yn dechrau anesmwytho mwya' sydyn
ac amau fod fy mhill, fy ngherdd, fy llith
am anwybyddu cenadwri'r Meuryn,
ond gŵyr y craffaf oll ei bod rhy fyr.

ARWEL 'POD' ROBERTS

GERAINT ROBERTS

(Abertawe, Y Sgwod, Y Rhelyw, Y Fforddolion)

Roedd y flwyddyn 2004 yn un gofiadwy i dîm y Sgwod oherwydd cyfres o ganeuon gan y diweddar Roy Davies. Yn y cyfnod hwn, roedd Roy, cyn-ringyll gyda Heddlu De Cymru, yn adnabyddus ar draws Cymru am ei gerddi ysgafn ac yn arbennig am ei ganeuon doniol. Aeth Roy ati i lunio cân yn seiliedig ar yr hysbyseb i'r hufen iâ, y Cornetto, yn y rownd gyntaf yn erbyn Ffostrasol yn Llandudoch. Roedd y ferch yn yr hysbyseb, ac yng nghân Roy, yn ysu am gael ei dwylo ar y Cornetto yn llaw y gŵr ifanc deniadol. Tua diwedd yr hysbyseb a'r gân, gyda llai o ddillad amdani nag oedd ar y dechrau,

> newidiodd e ei feddwl fel fflach pan glywodd hi
> yn dweud, 'Give me Cornetto' (yn neis) 'then you get me.'
> Ac yna yn gynhyrfus, gan edrych fel mewn braw,
> gosododd ei Gornetto yn dyner yn ei llaw.
>
> Pwy na newidiai'i feddwl? Dewch i ni fod yn ffêr,
> pwy na roesai ei Gornetto i ferch mewn *underwear*?

Fe siomwyd Roy yn ddifrifol pan feirniadwyd ei gân gan Gerallt am fod ynddi ormod o *innuendos* ac fe'i siomwyd yn fwy fyth wrth iddo golli ar y gân i'r hen elynion yn nhîm Ffostrasol. Roedd Roy yn un a oedd yn cario'i siom am gyfnod hir a phryderai'n fawr iddo gythruddo Gerallt hefyd. Bu'r Cornetto yn destun siarad am rai wythnosau. Yng nghyfarfod nesaf aelodau'r tîm, dyma gael ychydig o hwyl er mwyn lleddfu rhywfaint ar boen Roy – a chael Cornetto yr un!

Yn y rownd nesaf, testun y gân oedd 'Cael cam'. Gwelodd Roy ei gyfle i sôn am y cam a gafodd gyda'r Cornetto. Roedd o'r farn nad oedd ei gân yn cynnwys mwy o *innuendos* na'r hysbyseb wreiddiol. Wedi'r cyfan, fe'i darlledwyd i'r cyhoedd yn gyfan ar y radio. Deallai Gerallt erbyn hyn faint siomedigaeth Roy. Ond nid dyna ddiwedd hanes y Cornetto! Lluniodd Roy gân yn y rownd nesaf i barot arbennig a oedd wedi ei brynu am bris rhesymol. Roedd y parot yma'n hynod ddeallus: 'Mae'n adrodd ac mae'n canu nos Sul ar dop ei lais / wrth wrando ar Dai Llanilar a'i raglen *Ar Eich Cais*', mae'r gân yn gorffen fel hyn:

> Pan luniais i fy limrig, roedd Poli yn y cêj
> 'n ailadrodd y llinelle fel pe bai ar ben stêj;
> pan wnes i'r gân, bu'n hofran am hydoedd uwch fy mhen
> ac yno yn meurynna, 'It's a ten, it's a ten, it's a ten!'

Ac fe gafodd e ddeg! Nid oedd hyd yn oed Gerallt yn gallu rhoi llai na deg iddo am gân a oedd wedi ei llunio yn greffftus ac mor berthnasol i'r amgylchiadau a oedd wedi datblygu drwy dair rownd o'r Talwrn.

Cafwyd rownd derfynol lwyddiannus yn Eisteddfod Casnewydd a chael rheswm da i ddathlu yn y bar cyntaf a osodwyd ar faes y Brifwyl. Nid gyda Cornetto y tro hwn! Bu Roy farw bedair blynedd yn ddiweddarach ond bob tro mae Karen, Dafydd, Harri a minnau yn hel atgofion, bydd stori Roy a'r Cornetto yn cael ei hailadrodd ac yn codi gwên.

Tîm y Fforddolion, 2015: Geraint Roberts, Mererid Hopwood, Mari Lisa a Dafydd Williams.

EMYR 'Y GRAIG' DAVIES

(Pantycelyn, Marchogion Arthur, Y Taeogion, Tir Iarll)

Rwy'n talyrna ers 1984, mwy neu lai'n ddi-dor. Roedd ein talwrn cynta fel tîm Pantycelyn yn erbyn tîm Ffostrasol, gan gynnwys yr Emyr Davies arall, fel mae'n digwydd. Yr unig berl rwy'n ei gofio o'r rhaglen honno yw cynnig Ffostrasol ar gwblhau cwpled yn cynnwys 'Pa reswm fod botwm bol?'... Eu hateb nhw oedd: 'Dryswch i dîm Ffostrasol'! Chafodd ein cynnig ni – 'A yw'n blwg biolegol?' – ddim o'r un chwerthiniad. Mae hiwmor a thynnu coes yn rhan bwysig o'r Talwrn, a'i gynnal fel digwyddiad byw'n allweddol i'r chwerthin ... a'r llwyddiant.

Pan ddechreuais i dalyrna, roedd marciau pob tasg allan o 4, a Gwyn Williams yn ei glustffonau'n cyflwyno wrth ochr Gerallt. Gan fod yr ystod arferol o farciau'n gyfyng, (dau, dau a hanner, tri, tri a hanner a phedwar – sef ystod o 5 marc posib), chwyldro oedd newid y drefn i roi marc allan o 10, ac felly daeth yn arfer rhoi wyth, wyth a hanner, naw, naw a hanner a deg – sef ystod o 5 marc posib! Ein tîm ni ar y pryd (Pantycelyn) oedd un o'r ychydig iawn i gael llai nag wyth allan o ddeg am unrhyw beth.

Tîm y Taeogion yn rownd derfynol cyfres deledu Talwrn y Beirdd ym 1998: Ceri Wyn Jones, Caryl Parry Jones, Emyr Davies a Tudur Dylan Jones.

Mae'r Talwrn yn bwysig; afraid dweud hynny. Oni bai am y Talwrn, fyddwn i ddim yn barddoni fawr ddim, a dwi'n siŵr fod hynny'n wir am bron pawb sy'n cymryd rhan. Alla i ddim meddwl am neb o blith y rhai sydd wedi dod i'r brig yng nghystadleuaeth y Gadair sydd heb fod wedi miniogi'r grefft ar lawr y Talwrn. Peidied neb â meddwl mai rhywbeth i brentisfeirdd yn unig yw'r Talwrn chwaith nac mai gwaith eilradd sy'n cael ei gyflwyno. Wna i byth anghofio Talwrn yn Nhan-y-groes un tro, a minnau'n rhan o'r gynulleidfa'n digwydd bod. Darllenodd Dic ei hir-a-thoddaid 'Cyfaill' ac aeth rhyw wefr, drydanol bron, drwy'r gynulleidfa erbyn iddo gyrraedd y toddaid clo: 'Mae'n well byd y man lle bôt; – mae deunydd / Fy holl lawenydd, fy nghyfaill, ynot.' Roedd hi'n gynulleidfa lengar, oedd, ond cynulleidfa a sylweddolodd fel un fod rhywbeth cwbl arbennig newydd ddigwydd. Rwy'n dal i feddwl mai un o gerddi gorau'r iaith yw'r hir-a-thoddaid hwnnw – cerdd na fyddai wedi dod i fodolaeth oni bai am y Talwrn.

Mae sawl atgof: y bwydo ôl-dalyrnol (y farn gyffredin oedd mai Hermon, Cynwyl Elfed oedd y gorau); mae'r panic o orfod gweithio englyn ar y pryd yng nghyfnod Gerallt neu linell ar y pryd yn ystod y cyfnod diweddar yn dal i beri hunllefau. Bûm yn ffodus o gael ymateb (cadarnhaol a negyddol) Gerallt i'm hymdrechion dros sawl degawd ac ambell air o ganmol yn rhoi llawer o foddhad. Mewn gwirionedd, fel Meuryn, bu Gerallt yn ddylanwad ffurfiannol ar farddoniaeth cenhedlaeth gyfan. Os mai plesio'r Meuryn oedd y nod, rhaid oedd llunio rhywbeth a fyddai'n cwrdd â'i ddisgwyliadau ef o ran crefft, cynildeb a chwaeth: ystyr cerdd 'dda' oedd cerdd a fyddai'n bodloni Gerallt. Mae'n dda dweud bod Ceri yntau'n dylanwadu ar do newydd yn yr un modd, gan ddilyn cwys debyg, wahanol.

DYCHANU'R MEURYN

Gerallt ...

Rhoi barn ar feirdd y Sarne,
Dyna yw dawn, onid e?

R. J. ROWLANDS

(Sarnau)

Clywais ddweud bod nacw'r Meuryn
Eisiau ias mewn pennill telyn,
Eisiau rhin rhyw hen, hen wybod:
Sori, mêt, ti'n gofyn gormod!

MENNA BAINES

(Y Taeogion)

Fe fwytais fy ngwinedd i'r bywyn
A thynnu fy ngwallt mas bob blewyn
    A llyfu pen ôl
    Rhyw gochyn bach ffôl,
A chael byger ôl am fy englyn.

ARWEL JONES

(Tan-y-groes)

74

Ceri ...

Hen ŵr crac yw Ceri Wyn
oherwydd fe yw'r Meuryn.

OSIAN RHYS JONES
(Y Glêr)

Er mai arwr yw'r Meuryn,
maen nhw'n deud na 'di o 'mond dyn.

HUW MEIRION EDWARDS
(Y Cŵps)

ENGLYN YN CYNNWYS ENW UNRHYW GYMERIAD TELEDU I BLANT

Y Duw Gerallt a garwn, – hen foi iawn
Hael ei farc a'i bardwn;
Ai rhyw hync yw'r Ceri hwn,
Ai sgolor, ai Rapsgaliwn?

JOHN GLYN JONES
(Hiraethog)

MEURYNNA
(yn nhalwrn cynta Ceri Wyn fel y Meuryn)

Swydd hawdd, medden nhw, yw meurynna
Os chwim yw dy ddoniau englyna,
Bu Gerallt Lloyd Owen
Yn feistr yr awen
Ond sai'n siŵr am y boi sy' draw fynna.

DEWI PWS
(Crannog)

Dai Rees Davies yn cyflwyno llun i Ceri Wyn Jones i nodi ei dalwrn cyntaf un fel Meuryn y gyfres, a hynny yng Nghaffi'r Emlyn, Tan-y-groes, un o gartrefi ysbrydol y Talwrn.

Talyrnwr

Rwyf 'leni eto'n cymryd rhan
fel bûm am dri deg mlynedd,
a gwn o brofiad, anodd yw
cael beirniad sy'n ddiduedd.
Ac un peth arall, gwaethaf modd,
sy'n dal i godi 'ngwrychyn –
mae'r arian ddaw o'r BBC
mor brin â marciau'r Meuryn.

DAI REES DAVIES

(Ffostrasol)

> I gael deg mi rof gil dwrn
> i rotweilar y Talwrn!
>
> **MOI PARRI**

BUDDUGOLIAETH!

MARGED TUDUR

Paratoi cinio oeddwn i pan atseiniodd llais fy nhaid dros y gegin. Waeth i mi gyfaddef, rhyw hanner gwrando oeddwn i ar ailddarllediad o ornest arbennig o'r Talwrn ar y radio. Ond mwyaf sydyn, o enau'r Meuryn, daeth y geiriau 'Dafydd "Eic" Morris Jones'. Aeth fy anadl i rywle. Alla i ddim cofio erbyn hyn destun y delyneg nac ymateb y Meuryn na'r marc a gafodd ond mi alla i gofio'r chwithdod. Chwithdod o sylweddoli nad oeddwn i'n adnabod llais fy nhaid ac na fyddai 'nghlustiau wedi tiwnio iddo oni bai i'r Meuryn ddweud ei enw.

Aelod o dîm Penrhosgarnedd oedd Taid gyda'r Prifardd John Gwilym Jones, Ifan Roberts, Robert Williams, John Ogwen, Lynn Davies, Morien Phillips ac Iwan Llwyd. Roedden nhw'n gyn-enillwyr y Talwrn. Go brin y byddai Taid wedi meddwl y byddai ei wyres yn gwrando arno'n cystadlu ar y Talwrn flynyddoedd yn ddiweddarach a go brin y byddai wedi meddwl chwaith y byddwn innau'n cystadlu yn yr un gyfres 30 mlynedd wedi ei stint o.

Yn y Bar Gwyrdd yn Steddfod Bodedern gofynnodd Rhys Iorwerth oedd gen i awydd ymuno â thîm Talwrn. Ac yntau wedi mudo o Gaerdydd, ac felly wedi gadael tîm Aberhafren, roedd Rhys yn awyddus i sefydlu tîm newydd sbon yng Nghaernarfon. 'Dwi'm digon da', 'fedra i'm cynganeddu', 'dwn i'm, dwi'm yn licio darllen cerddi o flaen pobl'. Chwarae teg i Rhys, mi brociodd bob gosodiad nes i mi gytuno, a chyn bo hir, roedd 'na grŵp WhatsApp yn brawf o eni'r tîm newydd sbon gyda'i aelodau: Carwyn Eckley, Iwan Rhys, finnau a Rhys Iorwerth yn gapten. Tasa'r pedwar ohonom yn cael ein dadansoddi a'n tynnu'n gareiau gan byndits barddol, fi heb amheuaeth fyddai'r *weakest link* talyrnol. Roedd Carwyn eisoes wedi dangos ei ddoniau gyda thîm y Llew Du. Daeth Iwan gyda phymtheg mlynedd o brofiad gyda'r Glêr ac yn gyn-enillydd ddwywaith. Y Prifardd Rhys Iorwerth wedyn yn hen ben oedd wedi cyrraedd pum rownd derfynol ac ennill ddwywaith.

Fi hefyd ydi'r unig un sy'n methu cynganeddu – rhywbeth sy'n peri annifyrrwch, yn enwedig yn ystod tasg y 'llinell ar y pryd' pan fo rhai yn y gynulleidfa'n sbio'n hurt arna i am eistedd yn braf yn fy sedd yn gwneud dim ond gwylio'r tri arall yn trin geiriau. Dwi wedi dysgu erbyn hyn i gogio bach rhoi pìn ar bapur rhag i neb feddwl 'mod i'n ddiog neu'n gwrthod helpu!

Dwi'n dal i gofio'r ofn o rannu telyneg yn ystod ein cyfarfod cyntaf fel tîm yn y Black Boy – profiad cwbl newydd i mi sydd wedi arfer cadw llinellau heb eu datblygu'n iawn mewn llyfrau nodiadau ac yna anghofio amdanyn nhw'n llwyr. Erbyn hyn, dwi'n trysori derbyn adborth ac awgrymiadau'r tri arall. Dwi hyd yn oed yn mwynhau clywed y pethau nad ydyn nhw'n 'licio' a be sydd angen ei wella. Rhannu, trafod, cwestiynu, edrych eto, ailddrafftio. Nid tasg o ychydig funudau ydi creu cerdd i mi bellach. Mae'r sgyrsiau gyda Rhys, Iwan a Carwyn yn feithrinfa ac yn ysgol farddol amhrisiadwy.

Yng Nghapel Garmon y bu ein gornest gyntaf fel tîm. Dyma rannu bws mini gyda thîm Caernarfon oedd yn recordio ar yr un noson. Gan mai yn yr ail ornest yr oedd Dros yr Aber, rhaid oedd treulio'r awr gyntaf yn cadw cow ar fy nghalon oedd yn curo'n wyllt. Mi wnes i stydio pob dim – y tsiecio meic cyn dechrau recordio, y pwyslais roed ar eiriau arbennig mewn ambell gerdd, pryd yn union roedd pob aelod yn codi i ddarllen cerdd – roedd rhai yn codi cyn i Ceri Wyn Jones gyhoeddi eu henw ac eraill yn disgwyl iddo orffen ei gyflwyniad. Yng nghanol y cwbl, roeddwn i mewn cyfyng-gyngor a ddylwn i ddarllen teitl y dasg ai peidio! Mae'r cof o'n gornest ni yn o niwlog bellach ond roedd derbyn ymateb Ceri Wyn am y tro cyntaf yn brofiad reit frawychus. Dwi wedi arfer erbyn hyn a dwi'n gwerthfawrogi derbyn ei ymateb a'i gynghorion – ond tydi hynny ddim yn golygu fod y nerfusrwydd yn peidio.

Y rhyfeddod mwyaf i mi y noson honno yn Neuadd Bro Garmon oedd y baned, y brechdanau, y cacennau a'r sgyrsiau oedd â blas mwy arnyn nhw ar ôl y recordio.

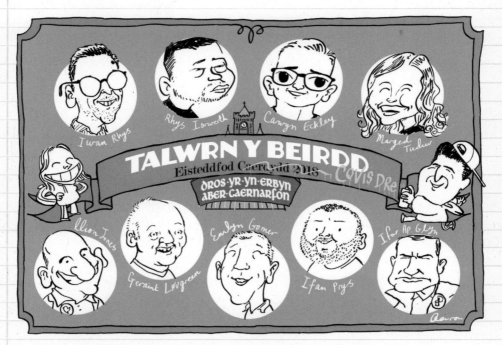

Ond heb os, yr uchafbwynt, fel gyda phob gornest Talwrn, ydi'r hwyl wrth i ni sylwebu ar y perfformiad ar y ffordd adra.

Mi lwyddodd Dros yr Aber i gyrraedd y ffeinal yn ein blwyddyn gyntaf o gystadlu a thîm y bws mini oedd ein gwrthwynebwyr. *Local derby* oedd hon felly a'r ddau dîm o Gaernarfon yn chwarae *away* yn Eisteddfod Caerdydd. Dros yr Aber aeth â hi. Peintiau ac nid paned gafwyd ar ddiwedd yr ornest hon a hynny yng ngardd gwrw'r Packet, a ninnau'n trio penderfynu oedd 'na debygrwydd go iawn rhyngom ni a'r cartwnau ohonom a wnaed gan Huw Aaron fel gwobr.

Erbyn hyn, mae'n cyfarfodydd tîm wedi mynd â ni i bron pob tafarn yng Nghaernarfon – o'r Black Boy i Twthill, Bar Bach, Castell, Four Alls, Anglesey a hyd yn oed i ystafell Zoom. Ymysg yr uchafbwyntiau mae sesh ar ôl y rownd gynderfynol yn Aberystwyth, Rhys yn trio egluro i ŵr meddw ym mar y Cliff yn Aberteifi be yn union ydi'r Talwrn ac yn bennaf, y fraint o gael clywed cerddi gan feirdd dwi'n eu hedmygu ac yn ffan mawr ohonyn nhw. Dwi wedi crio yn gwrando ar hir-a-thoddaid gan Carwyn, wedi methu stopio chwerthin ar limrigau a chaneuon Iwan ac wedi cael croen gŵydd wrth glywed Rhys yn adrodd cywydd deg marc am y tro cyntaf. Dyna wefr.

Chwech oed oeddwn i pan fu farw fy nhaid, felly doeddwn i ddim yn ei adnabod yn iawn ac efallai fod hynny'n egluro pam na allwn gofio'i lais. Ond mae sawl peth yn clymu Taid a minnau drwy'r holl flynyddoedd ac un o'r rheini ydi Talwrn y Beirdd. Yn ddistaw bach, dwi'n tybio y byddai wedi bod yn reit falch 'mod i'n dilyn ôl ei droed.

Tîm Penrhosgarnedd, pencampwyr 1985. Clwb Rygbi Pwllheli oedd lleoliad y ffeinal, a Bro Ddyfi oedd eu gwrthwynebwyr. Rhes flaen: Geraint Lloyd Owen, John Gwilym Jones, Lynn Davies, Robert Wiliams, Dafydd 'Eic' Morris Jones, R. Alun Evans (BBC); rhes ôl: Gwyn Williams (Cynhyrchydd), Morien Phillips ac Ifan Roberts.

PENCAMPWYR Y TALWRN

ERS 2000

Y Meuryn gyda thîm y Taeogion, pencampwyr 2000, yn Eisteddfod Llanelli: Ceri Wyn Jones, Emyr Davies, Gerallt Lloyd Owen a Caryl Parry Jones. Yn absennol o'r llun: Tudur Dylan Jones, olynydd Gerallt fel Meuryn ymrysonau'r Babell Lên.

2000	Y Taeogion	2011	Aberhafren
2001	Crannog	2012	Y Glêr
2002	Caernarfon	2013	Aberhafren
2003	Waunfawr	2014	Caernarfon
2004	Y Sgwod	2015	Tir Mawr
2005	Tir Mawr	2016	Y Ffoaduriaid
2006	Penrhosgarnedd	2017	Y Glêr
2007	Tir Mawr	2018	Dros yr Aber
2008	Tir Mawr	2019	Y Ffoaduriaid
2009	Tir Mawr	2020	Tir Iarll
2010	Caernarfon		

CYFRES 40:
CYFRES Y CYFNOD CLO

Y TÎM BUDDUGOL:

Tir Iarll: Aneirin Karadog, Tudur Dylan Jones, Mererid Hopwood, Emyr 'Y Graig' Davies, Gwynfor Dafydd.

Ffeinal 2020 a thîm y Cŵps yn erbyn Tir Iarll: (yn eu mygydau diogelwch) Dwynwen Morgan, Iwan Bryn James, Arwel Rocet Jones, Dafydd Morgan Lewis, Geraint Williams, Dafydd John Pritchard, Emyr Davies, Tudur Dylan Jones, Gwynfor Dafydd, Huw Meirion Edwards, Mererid Hopwood, Ceri Wyn Jones ac Aneirin Karadog.

CERI WYN JONES

Roedd cyfres rhif 40 o'r Talwrn yn un arbennig. Cafwyd enillwyr mwy na theilwng pan gurodd tîm Tir Iarll dîm y Cŵps, gydag englyn Emyr y Graig, 'Penlinio', ymhlith uchafbwyntiau'r ornest a'r gyfres. Yn arferol, byddai'r rownd derfynol honno yn cael ei chynnal o flaen cynulleidfa frwd a deallus y Babell Lên ar ddydd Sadwrn cynta'r Eisteddfod Genedlaethol. Ond yn absenoldeb y Brifwyl yn 2020, ac yn wyneb cyfyngiadau'r Cyfnod Clo, cynhaliwyd y ffeinal drwy gyfrwng cyfarfod Zoom, a'u darlledu ar wefan Cymru Fyw, yn ogystal ag ar Radio Cymru. Roedd hynny yn ei hun yn brawf o barodrwydd pawb i gael y maen i'r wal, ni waeth beth y rhwystrau technolegol posib. A dyna'n wir oedd ysbryd y gyfres ar ei hyd ers iddi orfod rhoi'r gorau i grwydro'r wlad ym mis Mawrth.

Ond, nid dim ond profi eu parodrwydd i fentro'n ddigidol a wnaeth y beirdd. Bu'r Cyfnod Clo ei hun, a'i holl ddieithrwch a gofid, yn destun ac yn ysgogiad i'w hawen. Yn wir, bron na fu cerddi'r beirdd yn gofnod o'r cyfnod, yn adlewyrchu nid yn unig benawdau'r newyddion ond hefyd y cyfnodau o fewn y cyfnod, a'r emosiynau amrywiol. Cawsom chwerthin am ben y sawl a brynai'n eu panig bapur tŷ bach wrth y llathen. Cawsom ddiawlio'r gwleidyddion trahaus a di-glem. Cawsom rannu deigryn y tad-cu na châi agor drws yr aelwyd i'w wyres.

Trwy hyn oll, cafodd y beirdd, fel ni i gyd, reswm ac amser i ailystyried natur ein bywydau. A natur bywydau pobl eraill, er enghraifft, yn yr ymateb i farwolaeth Geroge Floyd ac ymgyrch Black Lives Matter.

Trwy gyfrwng cerddi'r gyfres arbennig hon, cawsom, felly, gip ar gwrs yr unigolyn, cwrs yr aelwyd, cwrs y gymuned, cwrs y wlad a chwrs y byd. A dyna mae beirdd y Talwrn wedi ei roi i ni ers y gyfres gyntaf un.

Penlinio

Er fy mod yn warchodol o hawliau
pob un hil wahanol,
mae darn o'm rhagfarn ar ôl
ar eu gwddw'n dragwyddol.

EMYR 'Y GRAIG' DAVIES
(Tir Iarll)

Mari Lisa o dîm Gwylliaid Cochion y Llew.

Croesi'r Lôn

Fan hyn yr ydym ni, bob dydd,
ar ochr saff y stryd
a'n gwynt yn boeth ar ei gwâr
hi, y ferch sy'n dal y sgrin
llonydd. Mor llonydd.
Ninnau, yn dal ein hanadl fel un,
bron.

Wyth munud a phedwar deg chwech eiliad.

Draw fan'cw, bob dydd,
petalau'n codi a gostwng yn yr awel
dan amdo seloffen.

Wyth munud a phedwar deg chwech eiliad.

A ninnau'n baglu dros ein traed o glai
a gwynt y canrifoedd yn ein gyddfau,
i fynd o'r tu arall heibio,
bob dydd.

Croesi Dyled Mehefin 1940

Annwyl Syr, yn ôl y sôn,
â'r haf yn dymor ofon,
cest fenthyciad: un wlad las,
un mynydd yn gymwynas
a Phabell heb ei phobol;
gofyn wyf, gaf i fe 'nôl?
Dwed, Frawd, o'th ranc cadfridog
a elli weld maint y llog,
y rhent tost sy' arnat ti
i linach plant Cilieni?
Wyth degawd, Frawd, bu'r lle'n frith
â siel gwn, – sisial gwenith
ddylai fod ar y ddôl fach,
nodau alaw dawelach;
peintio 'nôl ein Hepynt ni
yn lân yw'n cais eleni,
a mynnwn nad hwn fydd haf
gwenoliaid y gân olaf.

Emyr 'Penrhiw' Davies o dîm Ffostrasol.

Gwithio'r Ffiniau

Rwy'n arfer gwthio whilber a weithiau caf y fraint
O wthio ambell fwlsyn, os fydd e'n llai o faint.
Nid wyf yn gwthio'r ffiniau, gwnaf hyn yn hollol glir
Fel un bach reit gelwyddog, rwy'n dweud celwyddau gwir.

Fe alwodd y gweinidog i weld a oeddwn byw
Gan sôn am bechaduriaid absennol o Dŷ Dduw,
'Rôl iddo gael tri mesur o wisgi yn lle te,
O wthio'r ffin ryw 'chydig, rhoes ni ein dau'n y ne'.

Rwy'n caru fy nghymydog, cyn gapten o Gwm-cych;
Fe roddais iddo gyngor a hwnnw'n gyngor gwych.
Ei gwch a oedd yn gollwng, roedd ynddo dwll reit gas.
Fy nghyngor, gwneud twll arall, er mwyn i'r dŵr fynd mas.

Rwyf weithiau'n mynd â ffowlyn i ambell Feuryn da;
Os bydd y ffowlyn hwnnw wedi marw o rhyw bla.
Ond os caf farc bach isel am gân gwnaf wthio'r ffin
Ac iddo wthio'i feiro i mewn i dwll Dydd Llun.

Chwi welwch mod i'n barchus, rwy'n perthyn i'r rhai prin
Sydd ddim yn gwthio'r ffiniau, dim ond bob hyn a hyn.
Fel Cardi cydwybodol rhof ambell hwb i'r ffin
Os fydd 'na bach o elw yn dod i fi fy hun.

Er yr anrhaith rho anrheg heno, Ceri, dyro'r deg!

GWENALLT LLWYD IFAN

40 ALLAN O 40: BWRDD ANRHYDEDDAU'R TALWRN

CERI WYN JONES

Wrth gyflwyno i chi ddeugain cerdd i gynrychioli deugain cyfres o'r Talwrn, rwy' am fynd â chi i at faes a phafiliwn na fu eisteddfod ar eu cyfyl erioed.

Os yw cricedwr yn sgorio cant neu'n cymryd pum wiced mewn batiad yn ystod gêm brawf yn Lord's, mae ei enw yn cael ei ychwanegu at fwrdd yr anrhydeddau ym mhafiliwn y maes byd-enwog hwnnw. Ac mae gweld eu henwau ar y bwrdd hwn yn uchelgais i gricedwyr o bedwar ban byd. Shane Warne. Brian Lara. Sachin Tendulkar. Ricky Ponting. Muttiah Muralitharan. Jacques Kallis. Chwech o'r cricedwyr gorau erioed. Ond sawl un o'r cewri hyn sydd â'u henwau ar y bwrdd eiconig yn Lord's?

Dim un.

Yn yr un modd, fe welwch chi fod enwau nifer o feirdd disglair iawn yn absennol o'r detholiad hwn. Ond, fel ag yn achos y cricedwyr uchod, nid yw hynny'n eu gwneud nhw'n llai o bencampwyr. Ymddiheuriadau, serch hynny, iddyn nhw. Bu'n loes calon gorfod eu hepgor nhw a'u cerddi.

Braint y deugain bardd y mae eu gwaith yn ymddangos yn y gyfrol hon yw cynrychioli'r beirdd eraill i gyd, gan fod y deugain cerdd a ddewisais yn cyfateb i ddarnau bach o jig-so sydd, o'u dodi at ei gilydd, yn creu darlun o sut beth fu cynnyrch y Talwrn dros y deugain cyfres a ddarlledwyd rhwng 1979 a 2020.

Beth, felly, oedd fy meini prawf wrth weithio'r jig-so hwnnw?

1 Roedd rhaid bod y cerddi wedi ymddangos yn un o gyfrolau *Pigion y Talwrn* (cyhoeddwyd 13 ohonyn nhw rhwng 1981 a 2016). Yr eithriadau yw'r cerddi hynny o'r pedair cyfres o'r Talwrn a ddarlledwyd rhwng Ionawr 2017 ac Awst 2020, gan nad oes cyfrol o bigion o'r cyfnod hwn wedi ei chyhoeddi hyd yn hyn. (Mae'n werth nodi bod cyfrolau'r Pigion yn dueddol o hepgor cerddi sydd eisoes wedi eu cynnwys yng nghyfrolau unigol y beirdd. Dyna esbonio pam mae rhai o ffefrynnau'r gwrandawyr ar goll o'r cyfrolau hynny, ac, felly, o'r gyfrol hon hefyd.)

2 Roeddwn am i'r detholiad adlewyrchu'r amrywiaeth sydd wedi bod yn un o nodweddion y Talwrn, amrywiaeth llais, pwnc, cywair a ffurf.

Y Meuryn, Ceri Wyn Jones, yn dadansoddi un o gerddi'r talyrnwyr.

Llais

Bu'n demtasiwn dewis sawl cerdd o eiddo nifer fach o feirdd. Wedi'r cwbwl, does dim osgoi'r ffaith fod rhai beirdd yn well na'i gilydd, neu'n hytrach fod eu gwaith nhw'n apelio'n fwy na'i gilydd. Ond roedd dau beryg (o leiaf) yn hyn. Yn gyntaf, byddai ôl fy chwaeth neu fy rhagfarn i hyd yn oed yn drymach ar y detholiad nag ydyw'n barod. Yn ail, byddai llai o leisiau yn y gyfrol hon, a bu'r Talwrn, o'r cychwyn, yn sioe aml-leisiol. Penderfynais y byddai'r detholiad ar ei ennill, felly, o gynnwys un gerdd yr un gan ddeugain bardd gwahanol.

Roedd yn bwysig hefyd fod y beirdd hynny'n adlewyrchu ystod oedran a chefndir beirdd y Talwrn. Am hynny, mae'r meibion a'r merched, y mamau a'r tadau, a'r neiniau a'r teidiau yn cadw cwmni diddig yma, rhai ohonyn nhw â phridd y fferm ar eu sgidiau, eraill â sŵn y dosbarth yn eu clustiau; rhai â llwch y llyfrgell neu sgrin y swyddfa yn eu llygaid, ac eraill â chreithiau ac olew'r gweithdy ar eu bysedd. Mae yma 22 o Ogs a 18 o Hwntws, sydd rhyngddyn nhw'n cynrychioli 23 o dimau.

Camp beirdd y Talwrn yw dweud llawer mewn ychydig a'i ddweud mewn iaith ddealladwy fydd yn galluogi'r gwrandawyr i ymdeimlo ag ysbryd neu ergyd y dweud ar y darlleniad cyntaf, er mor gynnil yw'r dweud hwnnw'n aml iawn. Wrth gwrs fod modd i ail a thrydydd darlleniad ddatgelu dyfnderoedd ychwanegol ac amlygu crefft ac yn y blaen, ond ofer hyn os nad oes ymgais i gyfathrebu â'r gynulleidfa ar y darlleniad cyntaf. Yn hyn o beth, gwerthfawrogodd trwch y beirdd taw rhaglen adloniant poblogaidd yw'r Talwrn, a bod modd i adloniant poblogaidd blesio a herio cynulleidfa yn yr un gwynt.

Pwnc a Chywair

Mae'n ystrydeb, bellach, i ddweud taw un o gyfrinachau llwyddiant y Talwrn dros y blynyddoedd yw'r modd y mae'n cyfuno'r llon a'r lleddf. Ac fe welwch yn y detholiad hwn y diawlio a'r dagrau, a'r dathlu a'r chwerthin, sy'n rhan annatod o fynd a dod ein bywydau ni i gyd.

Mae'n wir i Gerallt gyfaddef taw'r 'ias' oedd ei linyn mesur e o lwyddiant cerdd, ac i minnau ddweud droeon nad oes modd dadlau â'r blew bach sy'n codi ar eich gwar wrth glywed ambell gerdd. Perygl hyn yw i rai ddod i gredu taw dim ond cerddi'n ymdrin â phynciau 'iasol' sy'n gallu creu'r ias honno.

Rwy'n gobeithio bod y detholiad hwn yn dangos bod cerddi sy'n ymdrin â phynciau llai dramatig yn gallu'n cyffroi ni'r un modd. Ac er nad yw pawb yn gwirioni'r un fath, rwy'n gobeithio'n ogystal fod y cerddi ysgafnach sydd yma yn peri i ni chwerthin neu wenu, o leiaf – a pheri i ni ryfeddu at ddyfeisgarwch a ffraethineb digrifwyr a digrifwragedd y gyfres. Nid ar chwarae bach y mae bod yn gyson ddoniol ar ofyn tasgau'r Talwrn.

Ar yr adeg pan ddechreuais i dalyrna, 'nôl ym 1990, byddai rhai'n tynnu coes Gerallt fod trwch cerddi'r Talwrn naill ai'n gerddi am sefyllfa ddigalon yr iaith a'r genedl neu'n gerddi am angau – a deg marc i'r gerdd a gyfunai'r ddau beth! 'Aeth anobaith yn hobi', chwedl Llion Jones. A pha ryfedd yn wyneb cymaint o fygythiadau i'n hunaniaeth ni? Mae'r gofid yn parhau, ond mae'r ymagweddu tuag ato a'r mynegiant ohono wedi newid dros amser, a hynny fel pe bai'r beirdd wedi penderfynu byw'r frwydr yn hytrach na chyfrif y colledion yn unig. Mae hynny'n ddadlennol ac ystyried i'r Talwrn gychwyn ym 1979, blwyddyn y 'Na', ac iddo wedyn droi'n ugain oed ym mlwyddyn agor y Cynulliad Cenedlaethol.

Os bu i'r aelwyd, y filltir sgwâr a Chymru a'i hanes brofi'n ysbrydoliaeth amlwg, bu newyddion y dydd a datblygiadau'r oes yn ffynhonnell gyfleus a gloyw i awen beirdd y Talwrn, ynghyd â'r parodrwydd i edrych y tu hwnt i Gymru o bryd i'w gilydd.

Ond, ni waeth pa mor gyfoes berthnasol, cŵl neu ecsotig yw'r pynciau a'r geiriau newydd pan ddôn nhw, yn ôl at y pethau hynny sydd wedi'n poeni ni a'n cysuro ni erioed y daw beirdd y detholiad hwn i gyd yn eu tro, boed hynny'n ffydd Dai Rees Davies neu'n ofn Emyr Lewis; yn gydwybod euog Tudur Dylan Jones neu'n hunan-gred y crwt ysgol a'i grys pêl-droed Cymru amdano yn englyn Emyr Davies; yn ddryswch yr hen wraig fferm yn nhelyneg Haf Llewelyn neu'n hiraeth Peredur Lynch; yn falchder a phryderu Rhys Iorwerth wrth weld sgan 12-wythnos ei wraig neu'n orbryder y ferch dair ar ddeg oed yn 'Hunlun' Gruffudd Owen.

Talwrn neu beidio, bu coffáu yn rhan o waith y beirdd erioed, fel y gwelwch chi yng ngherdd Ifor ap Glyn ar y testun 'Seremoni'. Gweithiwyd hon ar gyfer ffeinal y gyfres yn Eisteddfod Genedlaethol Sir Gâr yn 2014, ychydig dros bythefnos ar ôl i ni golli Gerallt, cerdd sy'n mynegi'r chwithdod personol a deimlwyd gan gymaint ohonom ar y pryd ond sydd hefyd yn teyrngedu mawredd Gerallt fel bardd a'i osod mewn cyd-destun byd-eang ac oesol.

Yn ôl y traddodiad, mae yma gerddi at iws hefyd, pennill ymson Mererid Hopwood ar ddiwrnod Santes Dwynwen, er enghraifft, englyn a fyddai'n gweddu'n berffaith ar gyfer carden gyfarch ar y 25ain o fis Ionawr bob blwyddyn. Cerdd ddefnyddiol iawn wedyn, dybiwn i, yw 'Enwau Lleoedd' Rebecca Powell, a'r enwau ynddi gystal â thymor o wersi iaith, hanes a daearyddiaeth. Fel mae'n digwydd, mae sawl un o gerddi'r Talwrn wedi mynd yn destunau gosod meysydd llafur byd addysg, 'Gwerth' Myrddin ap Dafydd, er enghraifft. Troes eraill yn eiriau caneuon poblogaidd ac yn ddarnau llefaru, heb sôn am gyrraedd cynulleidfa ehangach drwy'r cyfryngau cymdeithasol.

Ond, yn bwysicach na dim, fel y clywais gan sawl un yn dawel bach dros y blynyddoedd, mae 'na gerddi ar y Talwrn sydd hefyd yn cynnig cysur personol i nifer o wrandawyr.

Ffurf

Er na fu modd cynnwys pob un ffurf ar gerdd a ddefnyddiwyd ar y rhaglen ers 1979, mae yma gerddi caeth a rhydd sydd rhyngddyn nhw'n adlewyrchu gofynion rheolaidd y tasgau gosod.

Yr englyn yw'r ffurf fwyaf poblogaidd, ond mae yma hefyd lond dwrn o gywyddau ac un hir-a-thoddaid meistraidd, a hwnnw o waith Dic Jones. Mae yma delynegion, rhai mewn mydr ac odl, cwpwl yn y wers rydd (er bod hyn yn dal i godi gwrychyn rhai) ac un ar ffurf soned gan Gwynfor Dafydd, yr ifancaf o feirdd y detholiad hwn. Mae yma benillion telyn, tribannau, limrigau a phenillion ymson, heb sôn am un drydargerdd (a honno hefyd ar ffurf englyn, fel mae'n digwydd).

Ni chynhwyswyd un gân ysgafn, a hynny am ddau reswm. Yn gyntaf, am mai cerddi i'w perfformio yw'r caneuon hyn, cerddi sy'n dod yn fyw o flaen cynulleidfa. Yn ail, oherwydd nad yw'r caneuon wedi eu cynnwys yn rheolaidd yng nghyfrolau'r Pigion dros y blynyddoedd ac nad oedd archif gyflawn ar gael, felly, i ddewis ohoni.

3   Roeddwn yn benderfynol o gynnwys rhai o'r cerddi y clywais i Gerallt yn
    eu dyfynnu'n aml, fel cwpled Ken Griffiths i ddwylo Crist, englyn Dafydd
    Wyn Jones (Bro Ddyfi) i'r bwmerang a limrig Geraint Lovgreen i'r chwaraewr
    ping-pong o Hong Kong. Fe ddaethon nhw, o'r herwydd, yn ffefrynnau gan
    lawer ohonom.

Er y meini prawf uchod (neu hwyrach o'u herwydd nhw), detholiad personol yw
hwn, ac fe'i lluniwyd yn haf 2020, yn ystod cyfnod Covid-19. Bu'n rhaid i'r Talwrn
beidio â theithio'r wlad eleni: recordiwyd cyfraniadau'r beirdd ar wahân ac o bell,
ac ni bu cynulleidfa fyw i borthi, chwerthin na chymeradwyo eu cerddi. Ond rwy'
am ddiolch o waelod calon i'r beirdd i gyd am eu parodrwydd i ddal ati yn ystod
y cyfnod annaturiol hwn, ac i'r gwrandawyr am eu teyrngarwch a'u cefnogaeth.
Yn wir, rwy' am achub ar y cyfle hwn i ddiolch i holl feirdd, cynulleidfaoedd a
gwrandawyr y Talwrn dros y deugain cyfres, ac i'r BBC a'r cynhyrchwyr hynny a
gadwodd drefn ar y cwbwl.
    Oes, mae gan y Talwrn le i wella: mae angen mwy o ferched yn rhengoedd y
timau, yn sicr, ac mae angen cadw llygad o hyd ar sut mae para i ddenu a meithrin
beirdd ifainc a gwrandawyr newydd o bob cefndir ac i ddal gafael ar y selogion.
Ac mae'n hen bryd i'r Meuryn ddechrau plesio pawb!
    Ond rwy' hefyd yn credu bod Gerallt yn llygad ei le pan ddywedodd e yn 2000,
yn ei gyflwyniad i *Pigion y Talwrn 10*:

> Clywsom ofyn ganwaith os unwaith: ym
> mha wlad arall y caech chi raglen fel hon?
> Ystrydeb? Ie, ond mae'n wir ac mae'n
> bwysig ein bod yn dathlu ac yn dyrchafu'r
> diwylliant hwnnw.
>
> **GERALLT LLOYD OWEN**

40 ALLAN O 40: Y CERDDI

Yn oes y llun a oes lle
Ar ôl i'r gair yn rhywle?

IWAN LLWYD
(Beirdd y Byd)

CAMERA
(*sgan 12 wythnos fy ngwraig*)

Ar sgrin, mae ein cyfrinach
yn wyrth fyw anferth o fach,
yn ofidion llon mewn llun,
yn ddechrau, eto'n ddychryn.
Ein balchder a'n pryderu
wedi'u dal mewn gwyn a du;
ein braw a charlam ein bron
i gyd yn y cysgodion.
Yn y ffrâm, mae cyffro iach,
a ni'n dau'n dal llaw'n dynnach,
yn fudan, a'n dyfodol
ni yn y byd yn ei bol.

RHYS IORWERTH
(Dros yr Aber)

AR DDIWRNOD SANTES DWYNWEN

Amlen wen yw 'nghalon i, – un enw
yn unig sydd arni,
a gŵyr Dwynwen eleni
mai hwnnw yw d'enw di.

MERERID HOPWOOD
(Tir Iarll)

HUNLUN
(*ymson merch ysgol ar Facebook*)

Yn rhad cewch fy nireidi, – cewch fy ngwallt,
cewch fy ngwg fach secsi
dair-ar-ddeg, cewch fy rhegi,
cewch fy oll: jyst liciwch fi.

GRUFFUDD OWEN
(Y Ffoaduriaid)

AR DRAMPOLÎN

'Gwiriondeb,' medda'r musus,
Wrth wylio 'mownsio i.
'Buddsoddiad,' medda finna,
Achos tra dwi'n bownsio'n ffri,
Mae gwerth y tŷ yn codi.
Os sbia i'n reit chwim,
Mae gen i fiw o Landdwyn.'
Ond wedyn, sgen i ddim ...

ARWEL 'POD' ROBERTS
(Criw'r Ship)

ENWAU LLEOEDD

Mae 'na enwau sy'n fy swyno –
Rhos-y-corn, Tre-saith, Llanwynno,
Maenorbŷr ac Abereiddi,
Eglwyswrw a Phreseli.

Mae 'na enwau wna im chwerthin –
Slebets, Siginston a Sychdyn,
Pentrecagal, Plwmp, Ffostrasol,
Bagillt, Lloc a Mynydd Nodol.

Mae 'na enwau sy'n llawn hiraeth –
Abercuawg, Pengwern, Catraeth,
Hendregadredd, Hergest, Peniarth,
Ystrad Fflur, Brogynin, Sycharth.

Mae 'na enwau sy'n dwyn atgo'
Am y golled gynt gaed yno –
Cantre'r Gwaelod a Chydweli,
Morfa Rhuddlan a Chilmeri.

Mae 'na enwau gwyd y galon,
Yno maged ein henwogion –
Wybrnant, Cefn-brith a Llanuwchllyn,
Dolwar Fach a Phantycelyn.

REBECCA POWELL
(Aberystwyth)

Fe deimlodd y dreifar ryw lwmp,
Roedd cwrci ar ganol sgwâr Plwmp
         Yn caru 'da pwsi
         Pan aeth dan y lori –
Ni chlywyd dim byd ond bwmp-bwmp.

EMYR 'PENRHIW' DAVIES
(Ffostrasol)

Roedd Tex mewn Ferrari mawr drud
A Nain heb ddim brys yn y byd,
         Fel 'tasai mewn angladd,
         Ond dyma nhw'n cyrra'dd
Y nefoedd yn union 'run pryd.

GARETH JONES
(Tir Mawr)

Roedd dyn bach yn byw yn Hong Kong
Yn hoff iawn o chwarae ping-pong.
         Doedd ganddo ddim bat
         Na phêl, *come to that*,
Deud y gwir, roedd o'n chwarae fo'n rong.

GERAINT LOVGREEN
(Caernarfon)

CYNEFIN

Lle mae'r tarmac yn graciau
a sŵn cwch fel drws yn cau
yn rhywle, lle mae'r wylan
fudur â chur yn ei chân
'wastad, a'r tai yn ddistaw,
ac oglau hallt ar y glaw,
lle mae'r gaeaf yn trafod
fy hynt a'r hyn sydd i fod.

Lle mae cychod y tlodion
yn dweud eu dweud wrth y don
a dwy awr rhyngof a'r dydd,
dwyawr a hithau'n dywydd,
mae'n flêr, a does 'run seren
heno i mi uwch fy mhen;
rwy'n geiban, ond rwy'n gwybod
mai yma wyf inna i fod.

MEIRION MACINTYRE HUWS
(Waunfawr)

Maent yn dwedyd ac yn sôn
Fod y beirdd i gyd ym Môn,
'Chlywais i'r fath siarad gwirion;
Mae 'na ddau yn Sir Gaernarfon.

GERAINT JONES
(Bro Alaw)

GWERTH

(yn seiliedig ar ateb y Pennaeth Seattle pan geisiodd Arlywydd America brynu rhai o diroedd yr Indiaid yn 1854)

Rwyt ti'n gweld y tir yn wyllt;
i mi, mae'n ardd erioed.
Fflamau a thân a deimli di;
minnau'n teimlo'r coed.

Cig a weli lawr ffroen dy wn;
gwelaf innau gnawd.
Croen a ffwr yn dy feddwl di;
yn fy meddwl innau: brawd.

Rwyt ti'n gweld erwau o wenith gwyn
a minnau'n gweld y paith.
Rwyt ti'n clywed udo yn y nos;
minnau'n clywed iaith.

Rwy ti'n gweld argae a phibelli dŵr;
minnau'n gweld afon fyw.
Rwyt ti'n cyfri'r lle yn gyfle aur;
minnau'n ei gyfri'n dduw.

Rwyt ti'n gweld y ddinas yn tyfu o hyd;
rwyf innau'n gweld y ddôl.
Rwyt ti'n gweld cynnydd; minnau'n gweld
y ddaear na ddaw'n ôl.

MYRDDIN AP DAFYDD

(Tir Mawr)

ARFOGI

Te diogel wrth benelin,
tap i'r *app*, a sgrolio'r sgrin
yn *bored* ...
... hyd nes canfod cae
sy'n un haid o hashnodau
gwaedlyd y gad, o lid gwâr;
troediaf Bwll Melyn Trydar.

A'r we yn Bont Orewyn,
yn y *feed* mae gwaywffyn,
rhennir o frwydr yr heniaith
rat-at yr @ dros yr iaith,
maes y gad ydi'r *memes* gwell,
lleddir gydag allweddell.

Yna caf gan lu cyfoes
darian o *likes* drwy ein loes,
pwytho, er mwyn cario'r cae,
â nodwydd ein hashnodau,
troi can bawd yn gatrawd gall ...

Te oer. Mi wna'i bot arall.

HYWEL GRIFFITHS
(Y Glêr)

Y ffin nas amddiffynnir,
Ni fydd honno yno'n hir.

MENNA JONES
(Llanefydd)

MWYAFRIF
(*Medi 1997*)

Ar yr awel dychwelant yn eu tro
        O Gatraeth y rhamant;
    O'u trechu aeth y trichant
    Drwy y co'n bwynt tri y cant.

IDRIS REYNOLDS
(Crannog)

GWISG

(*Ewros 2016*)

Mi dynna' i'r crys amdanaf, yna mynd
    Draw am iard bois mwyaf
   Ein hysgol, a phan wisgaf
   Y lifrai hwn, ni lwfrhaf.

EMYR 'Y GRAIG' DAVIES

(Tir Iarll)

MARCHNAD

(*oherwydd y farchnad rydd, mae plant
yn y Trydydd Byd yn gorfod gweithio
oriau lawer am arian prin*)

Mewn rhyw hofel nas gwelaf,
ar lawr oer, a haul yr haf
yn ddiawydd o ddiwyd,
drosom ni fe weithi'n fud
nes bod pwythau d'oriau di
yn Adidas o deidi.

Aeth o'n cof, fel pwyth yn cau,
a newyn y Cwmnïau
yn dal i'w weithio fel dyn
a'i gyflogi fel hogyn.
Ond er hyn, mae 'nillad ras
yn dweud un gair, Adidas.

TUDUR DYLAN JONES

(Y Taeogion)

BEDDARGRAFF MARGARET THATCHER

Heb arch fe'i taflwyd allan
mewn hen sach lo'n ddiffwdan,
a pheidiwch chi â llenwi'r twll –
caiff gau ei phwll ei hunan.

IWAN RHYS
(Dros yr Aber)

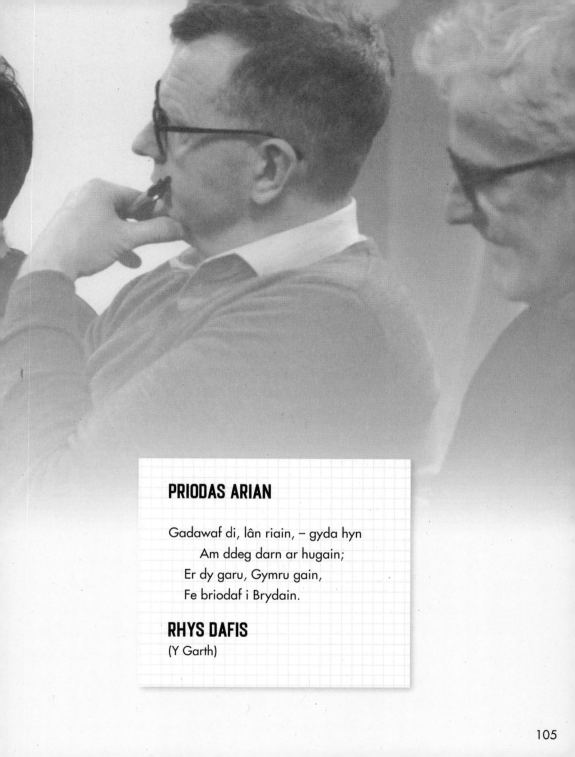

PRIODAS ARIAN

Gadawaf di, lân riain, – gyda hyn
    Am ddeg darn ar hugain;
   Er dy garu, Gymru gain,
   Fe briodaf i Brydain.

RHYS DAFIS
(Y Garth)

PÂR

(*Senghennydd*)

Y bore hwnnw, aeth yn ôl y drefn
   i gloddio'n ddygn trwy ddillad gwaith ei gŵr,
a'u rhoi ar lein wrth ddrws y gegin gefn
   heb godi'i phen o'i gorchwyl diystŵr;
synhwyrodd hi ddim smic yn dod o'r dre
   na chlywed y sgrechfeydd o'i chornel gudd,
os oedd seirenau'n cnulio dros y lle,
   yr oedd ei meddwl hi ar dasgau'r dydd.
Dim ond yn ddiweddarach – pan oedd cloc
   y llofft yn cario clecs, a hithau'n hŷn
dan holl ofidiau'r hwyr – y clywodd gnoc
   swyddogol ar y drws, a gweld bod un
o'i sanau ef 'di llithro o'r lein i'r baw,
gan adael un yn chwifio, bron fel llaw.

GWYNFOR DAFYDD

(Tir Iarll)

106

BEDDARGRAFF PERCHENNOG FAN BYRGYRS

Ei sgôr hylendid isel
a lenwodd fynwent Bethel;
i'r Crem yr aethon nhw â fo
i'w rostio yn ddiogel.

GWENNAN EVANS
(Y Ffoaduriaid)

DEALL

Heddiw
Mor wag yw'n caffi ni.
Dim ond dau löyn byw
Yn caru mewn cylchoedd
Yn y golau.

Syllwn ar lwyau glân ar liain plastig
A gweld ein ddoe yn syllu'n ôl
Wyneb i waered.

Cofiaf fel y dawnsiai ein llygaid ni
Yn nyddiau
Gwybod y cyfan.

Dyddiau heb 'sgidiau,
Heb oriawr
Nac amser cau...

Ond heddiw,
A'th lygaid yn gwisgo siwtiau,
Rhyngom nid oes ond sibrwd dall
Am hwn a'r llall
Sy'n clatsio heibio
A'r gloÿnnod yn taro'r gwydr.

Rwy'n chwilio amdanaf
Yn dy lygaid
Ac am eiliad dw i yno
Ond
Dwi'n gweld fy hun
Yn codi
A cherdded
Drwy'r atgofion.

MARI GEORGE
(Aberhafren)

WRTH EDRYCH AR GOMED

Ar wib ar draws y gofod
Yr ei fel hediad brân,
A mynd fuaswn innau
Pe tasa 'nhin ar dân.

EDGAR PARRY WILLIAMS
(Manion o'r Mynydd)

SEREMONI

(Gorffennaf 2014)

'Exegi monumentum aere perennius'*
y bardd bach uwch beirdd y byd
hedodd ei angau i Barcelona hefyd
a minnau'n syfrdan yn y Sagrada Familia

yn gwylio breichiau'n codi, yn ceisio dal goleuni,
ymbil eu camerâu yn ofer ridyllu
tragwyddoldeb i'w lluniau dirifedi,
wrth addoli gwaith dyn a gynganeddai feini.

Ac yn offeren ansicr y breichiau
synhwyrwn chwithdod fy mhobl innau
yn ymbalfalu am eiriau,
yn ceisio snapio teyrngedau.

O am gael naddu ystyr fel pensaer ein neuaddau,
pencerdd dyfnderoedd ein dyheadau
a grynhoai fydoedd mewn cwpled cymen,
a'i awdlau'n codi'n glochdyrau amgen.
Ond fe'i dathlwn, tra cerddwn ei gynteddau,
mae pob carreg yn sill yng ngweddi'r oesau.

IFOR AP GLYN

(Caernarfon)

* 'Ac mi a godaf gofeb fwy arhosol nag efydd...'
  (Horas)

Nid llathen talcen y tŷ
Yw llathen talent teulu.

ROY STEPHENS
(Aberystwyth)

CHWARAE

Bryd hynny, roedd yr haf yn hir,
y dyddiau 'nhraed eu sanau
a sŵn piano'r tylwyth teg
i'w glywed dros y caeau.

A ninnau'n tri yn herio'r byd,
ei ddrain a'i ddanadl poethion,
nes deuai'r nos i'n hel i'r tŷ
yn ras o fochau cochion.

Aeth tri yn ddau yn hiraeth haf;
mae'r dyddiau'n gwisgo clocsiau
a nodau piano'r tylwyth teg
sy'n siwrwd ar y cloddiau.

MARGED TUDUR
(Dros yr Aber)

Dai Rees Davies

DRWS

Reit ar ein stepen heno y mae Un
Sydd yn mynnu curo
Ar wareiddiad, er iddo
Gael o hyd y drws ar glo.

DAI REES DAVIES
(Ffostrasol)

DODREFNYN

Mae'n hwylio'r bwrdd at ginio,
'Mi ddôn nhw gyda hyn',
Mae'n estyn am y bara,
Mae'n c'nesu'r dysglia gwyn.

Fe gwyd i sbio wedyn
Trwy ddrws y gegin gefn,
Ond does neb wedi cyrraedd,
Mae'n dechrau dweud y drefn.

Draw wrth glawdd y mynydd
Ni wêl ddim ond y brain
A sypyn o wlân rhyw famog
Ymhleth ym mrigau'r drain.

Mae'r dydd yn tynnu ato,
Glaw mân yng nghwyn y gwynt,
Mae hithau'n dal i chwilio
Am rith o'r dyddiau gynt.

Mae'n clirio'r bwrdd yn araf,
'Mi ddôn nhw gyda hyn',
Mae'n lapio'r dorth tan fory,
Mae'n cadw'r dysglia gwyn.

HAF LLEWELYN
(Penllyn)

Emyr Oernant

CYFAILL

Mae fy ngobeithion yn rhan ohonot,
Mae fy nioddef a'm hofnau'n eiddot;
Yn d'oriau euraid, fy malchder erot,
Yn d'oriau isel, fy ngweddi drosot;
Mae'n well byd y man lle bôt; – mae deunydd
Fy holl lawenydd, fy nghyfaill, ynot.

DIC JONES

(Crannog)

Nid bu gwanwyn heb ŵyn bach
I lwynog fwydo'i linach.

TEGWYN P. JONES
(Bro Ddyfi)

Dim ond un all estyn llaw
Â hoelion drwy Ei ddwylaw.

KEN GRIFFITHS
(Tan-y-groes)

**BEDDARGRAFF
CHWARAEWR DARTIAU**

Ar lechen uwch y dalar
Rhown olaf sgôr ein cymar:
Yn sefnti-ffôr bu farw Ben –
Bwl, dwbwl 'ten' a phedwar.

ARWEL JONES
(Tan-y-groes)

BWMERANG

Asgell o arf dyfeisgar – a naddwyd
    O wŷdd y fam ddaear
    A'i lunio gan law anwar
    Cyn dyddiau ein gynnau gwâr.

DAFYDD WYN JONES
(Bro Ddyfi)

Dafydd Wyn Jones

OFN

Daw y gwynt fel bidog iâ
Ag arogl miniog eira
Ar fin yr hwyr o'r dwyrain,
A'r dref fel ar bigau'r drain
Yn disgwyl trawiad ysgafn
Cyntaf a llymaf y llafn.
Disgwyl a disgwyl o dan
Awyr lwyd sy'n rhy lydan,
Rhy lwyd am rai eiliadau,
Nes daw'r nos a'i dwrn i hau'n
Ara' deg yr hadau iâ
A hedd cynddaredd eira.

EMYR LEWIS
(Cwm Tawe)

GÊM

Rhaid arbed pen fy mrenin, – a rhoi 'nghoel
 Yn rheng ôl fy myddin
 A'i chadw wrth law. Draw i'r drin
 Gyrraf fidog y werin.

TWM MORYS
(Bangor)

HALEN

Mae 'na halen mewn wylo, – y mae mwy
 na llond môr ohono,
 ond rhaid i ti ei grio
 i allu dweud mor hallt yw o.

KAREN OWEN
(Y Sgwod)

Gweld y môr yn golchi'r traethau
Ac yn sgubo'r cregyn golau;
Glynu'n dynn wna'r cregyn llawnion
A'r rhai gwag yn torri'n deilchion.

GWYNETH EVANS
(Caerfyrddin)

HIRAETH

Ynom o hyd yn gof maith – mae deigryn
Sydd yn hŷn na'n heniaith,
Rhyw ddistyll o'r llwydwyll llaith
A'n lluniodd ni oll unwaith.

PEREDUR LYNCH
(Bro Tryweryn)

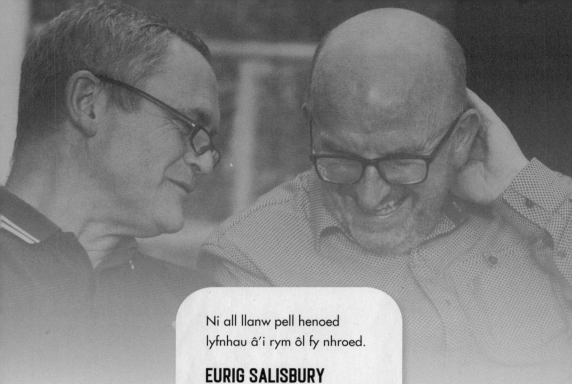

Ni all llanw pell henoed
lyfnhau â'i rym ôl fy nhroed.

EURIG SALISBURY
(Y Glêr)

NEGES YN CEISIO DAD-WNEUD CAMGYMERIAD

Duw ddihunodd y dydd hwnnw a dweud:
'os dyn ar fy nelw sy'n troi fy myd yn lludw,
myn diawl, gwnaf fotwm *undo*'.

LLION JONES
(Caernarfon)

Talwrn y Beirdd

Er ymryson barddoniaeth â'n gilydd

i gael goruchafiaeth,

ein Talwrn di-ddwrn a ddaeth

yn Dalwrn ein brawdoliaeth.

GERALLT LLOYD OWEN

Cydnabyddiaethau

Hoffai Cyhoeddiadau Barddas ddiolch o galon i'r holl gyfranwyr am eu hatgofion melys a'u hysgrifau difyr. Diolch hefyd am gael cynnwys eu cerddi a'u lluniau. Diolch i griw rhaglen y Talwrn, BBC Radio Cymru, ac yn arbennig i Dwynwen Morgan a Ceri Wyn Jones.

Cydnabyddiaethau'r lluniau:
Dwynwen Morgan, Ceri Wyn Jones, Tudur Dylan Jones, Iestyn Hughes, Siôn Jones a BBC Radio Cymru. Diolch hefyd i Huw Aaron am y darluniadau cartŵn.